Coleção Vasto Mundo

Fábulas

Robert Louis Stevenson

Fábulas

Robert Louis Stevenson

Tradução e apresentação
VILMA MARIA

1ª edição
São Paulo/2012

TEXTO DE ACORDO COM
A NOVA ORTOGRAFIA

Editora Aquariana

Copyright da tradução © 2012 Editora Aquariana Ltda.

Título original: *Fables*

Revisão: Antonieta Canelas
Editoração eletrônica: Samuel de Jesus Leal
Capa | Ilustração: George Amaral
Arte-final: Niky Venâncio

Direção da Coleção Vasto Mundo: Antonio Daniel Abreu

CIP – Brasil – Catalogação na Fonte
Sindicato Nacional dos Editores de Livros, RJ

G895
Stevenson, Robert Louis,
    Fábulas / Robert Louis Stevenson. Trad. e Apres. Vilma Maria.
1.ed. – São Paulo : Aquariana, 2012.
    (Coleção Vasto Mundo)

    ISBN: 978-85-7217-151-9

    1. Conto. I. Stevenson, Robert Louis. II. Maria, Vilma. III. Série.

07-5339.   CDD: 868.98
                                  CDU: 821.135.4(81)-4

18.06.12   25.06.12   033153

Direitos reservados:
EDITORA AQUARIANA LTDA.
Rua Lacedemônia, 87, S/L – Jd. Brasil
04634-020 - São Paulo - SP
Tel.: (11) 5031.1500 / Fax: 5031.3462
vendas@aquariana.com.br
www.aquariana.com.br

Sumário

Stevenson: um fabulista incomum, 9
   por Vilma Maria
   I. Os personagens da história, 15
   II. O naufrágio do navio, 21
   III. Os dois fósforos, 25
   IV. O doente e o bombeiro, 27
   V. O diabo e o hospedeiro, 29
   VI. O penitente, 31
   VII. A tintura amarela, 33
   VIII. A casa de Eld, 37
   IX. Os quatro reformadores, 47
   X. O homem e seu amigo, 49
   XI. O leitor, 51
   XII. O cidadão e o viajante, 53
   XIII. O estrangeiro notável, 55
   XIV. Os cavalos de carga e o cavalo de montaria, 57

XV. O girino e rã, 59
XVI. Algo deve haver, 61
XVII. Fé, meia-fé, fé nenhuma, 67
XVIII. A pedra de toque, 71
XIX. A pobre coisa, 81
XX. A canção da manhã, 89
XXI. O macaco cientista, 95
XXII. O relojoeiro, 101

Apêndice – Roteiro bibliográfico, 109
Referências, 125

Stevenson:
Um fabulista incomum

Estas *Fábulas* apareceram publicadas um ano depois da morte de Robert Louis Stevenson por iniciativa de Sidney Colvin, mentor e amigo do escritor. Saíram na revista *Longman's Magazine*, em agosto e setembro de 1895, e apareceram em livro em março 1896, junto com *The Strange Case of Doctor Jekyll and Mr. Hyde*, obra conhecida no Brasil por *O Médico e o Monstro*.

Colvin, por razões não completamente esclarecidas, deixou de lado duas. Trata-se de "O Macaco Cientista" e "O Relojoeiro", que aqui acrescentamos. Essas fábulas permaneceram inéditas até 2005, guardadas nos arquivos da Biblioteca Beinecke, da Universidade de Yale. Ralph Parfect, professor do King's College, de Londres, publicou-as na revista *English Literature in Transition*, 1880-1920 (vol. 48, IV, 2005). Também apareceram no suplemento literário do jornal *Times*, de 20 de janeiro de 2006.

Com a iniciativa de Ralph Parfect as fábulas se completam. As duas são essenciais para fechar a organicidade da obra em sua linha temática. Junto com "O Macaco Cientista" e "O Relojoeiro" aqui acrescentadas, a obra compõe agora 22 fábulas de natureza variada. Mas veremos que a sua unidade está na temática que percorre todas.

Stevenson foi um escritor imaginativo e original para sua época, antecipador da evolução que a literatura alcançou só no séc. XX. Essas fábulas demonstram que foi um escritor que se alimentava de seus próprios fundamentos de composição literária. Não titubeou em trazer para sua obra uma concepção nova para o gênero. Juntou as possibilidades de expressão literária do romance, conto, fábulas, contos de fada e populares para servir ao seu plano de criação.

À maneira dos capítulos de um livro, que configura a estrutura do romance, as fábulas se encaixam uma na outra, formando um entrelaçamento que dá unidade à obra e permite vislumbrar uma linha temática nela imbricada. Cada fábula tem seu sentido isoladamente, mas é no seu conjunto que se desenha o universo temático que Stevenson propôs para completar o quadro de uma imagem-pensamento que não se deixa apreender em uma fábula apenas.

As fórmulas introdutórias fixas, típicas dos contos populares e de fadas, aparecem em algumas fábulas. Têm a função de não delimitar nem tempo nem espaço, nem caracterizar personagens, que também não recebem nomes. É o que acontece em "A Canção da Manhã": "O rei de Duntrine teve uma filha quando estava idoso. Era a mais linda princesa que havia entre dois mares. Seus cabelos eram como ouro trançado e os olhos eram como dois remansos de um rio". O único ambiente identificado nesta fábula é um castelo à beira-mar e uma praia deserta. E no geral, essa indeterminação se apresenta na maioria das fábulas. O que interessa a Stevenson em seus contos-fábulas é o tema humano atemporal que ali se delineia, nada mais.

A ironia, picante e graciosa ao mesmo tempo, assim como a irreverência dão o tom para seu tema fundamental. A alegoria está presente e de alguns textos emerge uma atmosfera onírica, alguns tangenciam o fantástico, como em "A Canção da Manhã". Não é por acaso que Jorge Luis Borges foi um admirador de Stevenson, e declarou que muito lhe devia.

Também não foi por acaso que Borges disse dessas fábulas: "En la vasta obra de Stevenson este libro es un libro lateral, una breve y secreta obra maestra. Aquí tambiém están su imaginación, su coraje e su gracia". Também Borges destaca uma unidade nas fábulas: "Todas revelan una misma ética". Segundo Borges, "El hombre tiene que ser justo, aunque Dios no lo sea o aunque no exista Dios".

Stevenson não só reinventou o formato do gênero, como o concebeu noutra perspectiva. As suas fábulas não oferecem um conto gracioso com uma moral definida no seu desfecho. Sua criação tampouco tem a intenção de nos conduzir a uma opção moral em favor do bem e da bondade, como pretendem as fábulas tradicionais.

Em seu entrecho o que está em foco são as questões profundas do ser humano. A moral tampouco está contida em frases ou versos sentenciosos. Se desenvolve no desenrolar do próprio enredo. Ainda que em alguma ou outra fábula

Stevenson traga uma moral após o desfecho, o encaminhamento do seu significado vai para outra direção. Exemplo disso encontra-se nos versos finais de "Algo deve haver".

As fábulas não oferecem significado unívoco. Expõem a busca de sentido num mundo aparentemente sem sentido e, em lugar de respostas definidas e confortáveis, Stevenson deixa uma lacuna para que o leitor faça suas próprias inferências.

As questões humanas imbricadas no enredo causam desconforto e perturbação. O leitor se vê em meio a um panorama em que é levado a duvidar de que sejam eficazes as criações do intelecto num mundo que se move infenso aos sistemas e às doutrinas, científicas, morais, filosóficas ou culturais em geral e a toda fórmula abstrata que o homem constrói para controlar o seu estar no mundo. Paralelamente a toda abstração mental, a rota da vida caminha soberana. Nem a mão do homem nem sua inteligência podem mudar seu curso.

Merece destaque a locução introdutória de "O leitor": "'Nunca li um livro tão iníquo', disse o leitor, lançando o livro no chão". Stevenson parece entrever uma possível atitude do leitor diante de suas próprias fábulas. Pois o dele é um livro iníquo nesse sentido: põe em dúvida os significados dos sistemas intelectuais que dão estabilidade ao homem, destrona a validade da religião e diz que nada disso funciona; em vez do conforto, podem causar desastres humanos irreversíveis. É o que ocorre em "A Casa de Eld".

Cada uma das fábulas trata ironicamente certos aspectos das regras, leis, filosofias e convenções criadas pelo intelecto e cultura humanos. Diferentes personagens passeiam pelas fábulas com sua fé religiosa, sua filosofia, sua ciência. As duas primeiras se encontram com a última, fechando-se o ciclo temático. Naquelas os personagens, extraídos do livro "A Ilha do Tesouro", saem da história para discutir o que acontecerá na trama em que são eles próprios os protagonistas; entra também no debate a questão de saber de qual entre os dois o autor gosta mais e, na sequência, um deles destaca uma conduta filosófica diante de um iminente desastre. Mas é o criador da trama, o autor, que determina o destino dos personagens e não entra nesse destino o gostar ou não de quem quer que seja nem a conduta dirigida por uma abstração filosófica.

Em "O Relojoeiro", a última fábula do conjunto, vemos o mesmo acontecer sob outra perspectiva. Trata-se nesta de indagar a validade da ciência para apreender a verdade do universo e do seu possível criador. Uma comunidade de bactérias pretende conhecer pela ciência e religião o deus por trás dos eventos. Sua ciência e sua religião dão significados intelectuais, mentais, que se revelam absurdos no fim. A comunidade sucumbe tragada pelo próprio deus que ela inventou, nada menos que um ser humano que está na sala onde essas bactérias vivem em uma garrafa de água. O que acontece fora da garrafa não é nada do que estabeleceram em seus sistemas científicos e religiosos nem culturais. As bactérias funcionam como uma alegoria, transferindo para um grupo de "animálculos", como os nomeia o autor, criações mentais que são próprias do ser humano.

Essa fábula descortina sarcasticamente toda arrogância humana de pretender vangloriar-se de verdades feitas.

De resto, essa mesma arrogância humana se apresenta em outras fábulas, acompanhada sempre de ironia.

A exceção se apresenta em "A Pobre Coisa". A conciliação com a soberania da vida sobre os destinos humanos é o ponto-chave nesta fábula. O seu personagem se diferencia em atitude, postura e condição em relação às demais. É um pescador que pesca apenas para comer, um homem alegre apesar da sua vida dificultosa, tem pouco conhecimento mas tem ânimo forte, não elabora nenhuma ideia mental para viver. Pare ele qualquer coisa serve. Diz o personagem: "Para mim, uma coisa é tão boa quanto outra neste mundo, e uma ferradura de cavalo vai servir".

É um homem feio e pobre, mas se casa com uma nobre, se alegra com a vida sem olhar para suas dificuldades, e diz em seus argumentos que as coisas são simples: "assim meus ancestrais faziam nos tempos antigos. Não tenho uma razão melhor nem pior"; ou "O caminho da vida é reto como os sulcos deixados na água pelo barco". É a superação da arrogância e do orgulho que nas demais fábulas o entrecho exibe. A trajetória natural, sem desvios intelectuais ou arabescos de estruturas mentais, é anunciada no personagem, que também não é nomeado, nem seu espaço e tempo são caracterizados. Todas as convenções são deixadas de lado, e a vida transcorre no seu fluxo natural nesta figura que resume o caminho da vida na imagem dos sulcos deixados na água pelo barco.

Vilma Maria
Julho de 2012

I. Os personagens da história

Depois do capítulo 32 da *Ilha do Tesouro*, dois dos personagens saíram para fumar antes que recomeçassem o trabalho. Num espaço aberto, não muito distante da história, eles se encontraram.

"Bom dia, Capitão", disse o primeiro com uma continência de marujo e um rosto alegre.

"Ah, Silver!", resmungou o outro. "Você está num mau caminho, Silver."

"Ora, Capitão Smollett", protestou Silver, "dever é dever, ninguém melhor que eu para saber disso; mas agora não estamos em serviço; não vejo por que manter as lições de moral".

"Você é um velhaco sujo, homem", disse o Capitão.

"Ora, ora, Capitão, seja justo", retornou o outro. "Não há razão de verdade para enraivecer-se contra mim. Sou apenas um personagem numa história de aventuras. Não existo na realidade".

"Tampouco eu existo na realidade", disse o Capitão, "e isso parece nos igualar".

"Eu não fixaria limites para o que um personagem virtuoso pode considerar argumento", respondeu Silver. "Mas eu sou o vilão nessa história, eu sou o vilão; e, falando como um navegante do mar para outro, o que eu quero saber é: o que podemos esperar que aconteça?"

"Nunca ensinaram pra você o seu catecismo?" – retornou o Capitão. "Não sabe que existe um sujeito chamado autor?"

"Um sujeito chamado autor?" – retornou John, ironicamente. "Quem sabe isso melhor que eu? E a questão é a seguinte: se o autor criou você, ele criou Long John, e ele criou Hands, e Pew, e George Merry – não que George seja grande coisa, pois não passa de um nome; e ele criou Flint, o que existe dele; e ele criou aqui esse motim, em que você tanto se afana; e Tom Redruth, que foi fuzilado; e – bem, se um autor é isso, prefiro Pew!"

"Você não acredita numa vida futura?" – perguntou Smollett. "Você pensa que não existe nada a não ser essa história escrita?"

"Não sei ao certo", disse Silver; "e, de qualquer modo, não vejo o que isso tem a ver. O que sei é o seguinte: se existe tal coisa chamada autor, eu sou seu personagem favorito. Ele me fez em braças mais profundas que você – braças, ele fez sim. E ele gostou de me criar. Ele me põe no convés a maior parte do tempo, com muleta e tudo; e deixa você desprezado no porão, onde ninguém pode nem quer vê-lo, e você tem de ficar lá! Raios! Se existe um autor, ele está do meu lado, fique certo disso!"

"Vejo que ele lhe deu muita corda", disse o Capitão. "Mas isso não pode mudar as convicções de um homem. Sei que o autor tem respeito por mim; sinto isso em meus ossos; de que lado você pensa que ele estava, homem, quando você e eu conversamos à entrada do forte?"

"E ele não me respeita?", esbravejou Silver. "Você tinha de ter me ouvido quando sufoquei o motim, George Merry, Morgan e aquele bando, não faz muito no último capítulo; então, sim, saberia o que o autor pensa de mim! Mas vem cá, você se considera um personagem virtuoso perfeito?"

"Deus me livre disso!" – retrucou enfaticamente o Capitão Smollett. "Sou um homem que tenta cumprir seu dever e que muitas vezes mete os pés pelas mãos. Receio, Silver, que eu não seja um homem muito estimado em casa!" – e o Capitão suspirou.

"Ah", disse Silver. "Então, o que virá depois do que falou? Você será o Capitão Smollett, exatamente o mesmo de sempre, não estimado em casa, disse você? Raios! Se é assim, é a mesma ILHA DO TESOURO; eu serei Long John, Pew será Pew, e nós teremos outro motim, goste ou não. Ou você será outro? Se assim for, que personagem melhor você será? E eu, que personagem pior serei eu?"

"Veja bem, homem", retornou o Capitão, "não posso saber como essa história se desenvolverá, posso? Não entendo como você e eu, pessoas que não existem, podem estar conversando aqui, fumando nossos cachimbos para o mundo como se fosse real. Muito bem então, quem sou eu para me intrometer com minhas opiniões? Sei que o autor está do lado do bem; ele me diz isso no fluir de sua pena quando escreve. É tudo que preciso saber; no mais, eu assumirei o risco."

"Realmente, parecia que ele estava contra George Merry", admitiu pensativo Silver. "Mas George é pouco mais que um nome, na melhor das hipóteses", ele acrescentou radiante. "E para ir ao ponto de uma vez, o que é esse bem? Eu fiz um motim, e tenho sido um homem de sorte; pois bem, em todas as histórias você não é esse santo. Sou um homem que facilmente faz amizade; você não, segundo sua própria opinião, e pelo que vejo você é o diabo para atormentar. O que é o bem, o que é o mal? Ah, você me dirá! Aqui estamos para virar de bordo, pode ficar certo disso!"

"Ninguém de nós é perfeito", replicou o Capitão. "É um fato religioso, homem. Tudo que posso dizer é que tento cumprir o meu dever; e se você tentar cumprir o seu, não posso cumprimentá-lo pelo êxito".

"E assim você se fez juiz, não foi?" – disse Silver, ironicamente.

"A mim tanto faz que eu seja o juiz ou um carrasco para você, homem", retornou o Capitão. "Mas vou além disso: pode não se tratar propriamente de teologia, mas para o senso comum o bem é aquilo que também é útil – ou por aí, pois não me faço de pensador. E então, de que maneira poderia haver uma história sem personagens virtuosos?

"Se você for pensar assim", replicou Silver, "pode haver uma história sem vilões?"

"Penso quase o mesmo, disse o Capitão Smollett. "O autor tem de criar uma história; é o que ele quer; para ter uma história e para dar a um homem como o doutor, digamos, uma chance apropriada, precisa inserir homens como você e Hands. Mas ele está do lado certo; e fique de olho! a história ainda não acabou; vem aí muita encrenca para você."

"Quanto aposta?"– perguntou John.

"Isso não me preocupa", retornou o Capitão. "Estou muito satisfeito de ser Alexander Smollett, por pior que ele seja; e agradeço de joelhos às estrelas por não ser Silver. Mas o tinteiro está se abrindo. Aos nossos postos!"

De fato, o autor estava nesse momento começando a escrever as palavras:

Chapter XXXIII

II. O naufrágio do navio

"Senhor", disse o primeiro-tenente, irrompendo na cabine do Capitão, "o navio está afundando."

"Muito bem, senhor Spoker", disse o Capitão; "mas isso não é razão para andar por aí barbeado pela metade. Exercite sua mente um momento, senhor Spoker, e verá que do ponto de vista filosófico não há nada novo em nossa posição: pode-se dizer que o navio (se realmente vai a pique) está indo a pique desde que foi lançado."

"Está afundando rápido", disse o primeiro-tenente, quando ele terminou de barbear-se.

"Rápido, senhor Spoker?" – perguntou o capitão. A palavra é estranha, pois o tempo (se o senhor pensar sobre isso) é relativo.

"Senhor", disse o primeiro-tenente. "Penso que é pouco útil embarcar nessa discussão quando devemos todos estar nos domínios de Davy Jone[1] em dez minutos."

---
1. No original em inglês: Davy Jone's Locker. Expressão utilizada pelos marinheiros. Significa aquele que morreu no mar.

"Raciocinando por analogia", retornou o Capitão gentilmente, "é inútil começar qualquer indagação importante; as possibilidades são sempre esmagadoras se corremos o risco de morrer antes de concluí-la. Não está considerando, sr. Spoker, a condição do homem", disse o Capitão, sorrindo e balançando a cabeça.

"Estou muito mais empenhado em considerar a posição do navio", disse o sr. Spoker.

"Falou como um bom oficial", replicou o Capitão, com a mão nos ombros do primeiro tenente.

No convés descobriram que os homens tinham arrombado o depósito de bebidas e estavam se embriagando muito rápido.

"Homens, isso não tem sentido", disse o Capitão. "O navio, me dirão, vai a pique em dez minutos. Bem, e daí? Do ponto de vista filosófico, não há nada novo em nossa posição. Durante toda nossa vida, podemos estar a um passo de uma apoplexia ou de sermos atingidos por um raio, não em dez minutos, mas em dez segundos; e isso não nos impediu de jantar, não, nem de pôr nosso dinheiro na caixa de poupança. Eu lhes asseguro, com as mãos no coração, não compreendo a atitude de vocês."

Os homens já tinham ido longe demais para prestar atenção.

"Essa é uma visão dolorosa, Sr. Spoker", disse o capitão.

"E ainda do ponto de vista filosófico, ou o que quer que seja", replicou o primeiro-tenente, "pode-se dizer deles que começaram a se embebedar desde que subiram a bordo."

"Não sei se está considerando meu pensamento, sr. Spoker", retornou o Capitão gentilmente. "Mas continuemos."

No depósito de pólvora eles encontraram um velho marujo fumando seu cachimbo.

"Bom Deus", gritou o Capitão, "o que está fazendo?"

"Bem, senhor", disse o velho marujo apologeticamente, "me disseram que o navio está afundando."

"Suponha que esteja!" – disse o Capitão. "Do ponto de vista filosófico, não há nada novo em nossa posição. A vida, meu velho camarada, a vida, em qualquer momento e em qualquer aspecto, é tão perigosa quanto um navio que está naufragando; apesar disso, é um hábito na boa sociedade carregar uma sombrinha, usar galochas, dar início a um grande empreendimento, conduzir-se em tudo como se o homem pudesse esperar ser eterno. Pelo que me diz respeito, eu desaprovaria o homem que, mesmo a bordo de um navio a pique, não tomasse um comprimido ou deixasse de dar corda ao seu relógio. Isso, meu amigo, não seria uma atitude humana."

"Perdão, senhor", disse o sr. Spoker. "Qual é precisamente a diferença entre barbear-se em um navio a pique e fumar no depósito de pólvora?"

"Ou fazer qualquer coisa em qualquer circunstância concebível?" – irrompeu o Capitão. "Perfeitamente deduzível; Me dá um cigarro!"

Dois minutos depois o navio explodiu com um glorioso estouro.

III. Os dois fósforos

Certo dia, um viajante estava nas florestas da Califórnia, na estação da seca, quando os ventos alísios sopraram fortemente. Ele tinha cavalgado um longo caminho. Estava cansado e faminto. Desmontou de seu cavalo para fumar seu cachimbo. Procurou em seus bolsos e encontrou apenas dois palitos de fósforo. Ele riscou o primeiro, mas não acendeu.

"Eis que bela situação!" – disse o viajante. "Morto por um cigarro; apenas resta um fósforo; e que certamente não acenderá! Alguma vez houve uma criatura tão desafortunada?" Todavia, pensou o viajante, "admitindo que eu acenda esse fósforo, fume meu cachimbo, e despeje o resto de cinza na relva – o mato pode pegar fogo, pois está completamente seco; enquanto apago as chamas na frente, elas podem irromper e correr atrás de mim, investir contra o arbusto de sumagre venenoso; antes que eu o pudesse alcançar, estaria tomado pelas chamas; do outro lado do arbusto vejo um pinheiro coberto de musgo; que também se consumiria em chamas num instante até o galho mais alto; e a chama dessa imensa tocha – o vento apanharia e a defraudaria por toda a floresta incendiando-a! Veria esse vale rugir com o uivar do vento e do fogo ao mesmo tempo, me vejo galopar por minha vida, e o incêndio volante acossar e me vencer irrompendo pelos montes; vejo essa floresta agradável arder durante dias, o rebanho calcinado, as fontes secas, e o fazendeiro arruinado, seus filhos entregues ao mundo. Que ameaça medonha paira sobre este momento!"

Dito isso, riscou o fósforo, e não acendeu.

"Graças a Deus!" – exclamou o viajante, e devolveu o cachimbo ao seu bolso.

IV. O doente e o bombeiro

Uma vez um homem doente estava numa casa em chamas. Ali um bombeiro entrou.

"Não me salve", disse o doente. "Salve aqueles que são fortes."

"Poderia ter a bondade de me dizer por quê?" – indagou o bombeiro, pois ele era um homem civilizado.

"Nada possivelmente poderia ser mais justo", disse o doente. "O forte deve ter preferência em qualquer caso, pois eles são mais úteis ao mundo."

O bombeiro ponderou um momento, pois era um homem com alguma filosofia. "Concedido", disse por fim, quando parte do telhado desabou. "Mas, por amor ao diálogo, o que o senhor apresentaria como utilidade essencial do forte?"

"Nada possivelmente pode ser mais fácil", retornou o doente; "a utilidade essencial do forte é ajudar o fraco."

Novamente o bombeiro refletiu, pois não havia nessa excelente criatura nenhuma precipitação. "Eu poderia perdoar seu estado doente", ele disse por fim, enquanto uma parte da parede desabava, "mas não posso suportar tamanha tolice em uma pessoa." Dito isso, ergueu seu machado de bombeiro, pois era eminentemente justo, e partiu em dois o homem deitado na cama.

V. O diabo e o hospedeiro

Uma vez o diabo fez sua pousada em uma hospedaria, onde ninguém o conhecia, pois eram pessoas cuja educação tinha sido negligenciada. Ele estava com más intenções, e durante algum tempo todos o ouviram. Por fim o hospedeiro reparou em sua figura e percebeu quem ele era de fato.

O hospedeiro arrumou uma corda.

"Agora vou te dar uma surra", disse o hospedeiro.

"Você não tem o direito de enfurecer-se comigo", disse o diabo. "Sou apenas o diabo, e minha natureza é fazer o mal."

"É mesmo?" – perguntou o hospedeiro.

"É fato, garanto", disse o diabo.

"Você realmente não pode deixar de fazer o mal?" – perguntou o hospedeiro.

"Nem minimamente", disse o diabo. "Seria crueldade inútil surrar uma criatura como eu."

"Seria de fato", disse o hospedeiro.
Ele fez um laço e enforcou o diabo.
"Aí está!" – disse o hospedeiro.

VI. O penitente

Um homem encontrou um jovem chorando.
"O que o faz chorar?" – perguntou.

"Estou chorando por causa dos meus pecados", disse o jovem.

"Você deve ter pouco com que se ocupar", disse o homem.

No dia seguinte voltaram a se encontrar. Novamente o jovem estava chorando.

"Por que está chorando agora?" – perguntou o homem.

"Choro porque não tenho nada para comer", disse o jovem.

"Sabia que isso aconteceria", disse o homem.

VII. A tintura amarela

Em certa cidade vivia um médico que vendia uma tintura amarela. Possuía uma virtude tão singular que aquele que se tingisse dela da cabeça aos pés ficaria livre dos perigos da vida, dos laços do pecado e do medo da morte para sempre. Assim o médico dizia em seus prospectos. E assim diziam todos os cidadãos. Nada havia mais urgente no coração dos homens que se tingirem de sua tintura conforme a orientação prescrita e nada lhes dava mais prazer do que ver outros tingidos. Vivia na mesma cidade um jovem de boa família mas com uma vida um tanto apática. Tinha chegado à idade viril e nada a apontar que houvesse se tingido: "Amanhã, sem falta", dizia ele. Na manhã seguinte novamente ele arredava a ideia. Poderia continuar nisso até a morte, não fosse um amigo seu que tinha quase a mesma idade sua e muito de seu próprio temperamento. Esse jovem não apresentava o menor traço de tintura em seu corpo e, completamente desprotegido, foi repentinamente atropelado por uma carreta de água enquanto caminhava pela via pública. Isso impressionou o outro até o fundo da alma. Nunca então se tinha visto um homem mais determinado a se tingir; e na mesma noite, na presença de toda sua família, com acompanhamento musical apropriado, ele próprio chorando estrepitosamente, recebeu três camadas completas e um toque de verniz no topo. O médico, comovido até as lágrimas, declarou que nunca tinha feito um trabalho tão perfeito.

Depois de dois meses, o jovem foi levado em uma maca à casa do médico.

"O que significa isso?" – ele perguntou tão logo a porta se abriu. "Eu devia ficar livre de todos os perigos da vida, e aqui estou eu atropelado pela mesma carreta de água e com a perna quebrada."

"Valha-me Deus!" – exclamou o médico. "Isso é muito triste. Mas percebo que tenho de lhe explicar a ação de minha tintura. Um osso fraturado é uma ocorrência insignificante na pior das hipóteses; e isso pertence a uma categoria de acidente em que minha tintura é inteiramente inaplicável. O pecado, meu caro amigo, o pecado é a única calamidade que o homem sábio deveria temer; foi de um antídoto para pecado que te provi; quando você sofrer tentação, é então que você me trará novas de minha tintura."

"Oh!" – exclamou o jovem", eu não entendi isso, e me parece bastante frustrante. Mas agora não tenho dúvida de que tudo correrá bem; nesse meio tempo, eu ficarei grato a você se encanar a minha perna."

"Esse não é o meu trabalho, disse o médico, mas se seus carregadores o levarem ao cirurgião que fica na esquina, tenho certeza de que ele poderá aliviá-lo."

Três anos depois, o jovem veio correndo à casa do médico extremamente perturbado.

"Qual o significado disso?" – ele vociferou. "O objetivo era me livrar das amarras do pecado; e eu tenho feito falsificações, provocado incêndios e cometido assassinato."

"Meu caro!" – exclamou o médico. "Isso é muito grave. Tire suas roupas imediatamente."

Logo que o jovem ficou nu, ele o examinou da cabeça aos pés.

"Não", disse com grande alívio, "não há nenhuma camada rompida. Ânimo, meu jovem, sua tintura está intacta como se fosse nova."

"Bom Deus!" – gritou o jovem, "e qual pode ser a utilidade disso?"

"Ora", disse o médico, "percebo que tenho de lhe explicar a natureza da ação de minha tintura. Ela não previne exatamente o pecado; ameniza sim as suas consequências dolorosas. Não é tão eficaz para este mundo quanto para o próximo; não é contra a vida; em resumo, é para a morte que te preparei. Quando você morrer, me dará novas sobre minha tintura."

"Oh!" – exclamou o jovem, "não entendi isso, e me parece um tanto frustrante. Mas agora não tenho dúvida de que tudo correrá bem: entrementes, eu ficarei grato se você me ajudar a desfazer o mal que causei a pessoas inocentes."

"Esse não é meu trabalho", disse o médico; "mas se você for se entregar à polícia logo ali na esquina, tenho certeza de que isso lhe proporcionará alívio."

Seis semanas depois, o médico foi chamado à penitenciária da cidade.

"O que significa isso?" – vociferou o jovem. "Aqui estou literalmente coberto de escamas da sua tintura; fraturei a perna, cometi todos os crimes e devo ser enforcado amanhã; nesse intervalo sinto um medo tão extremo que me faltam palavras para descrevê-lo."

"Valha-me Deus!" – disse o médico. "Isso é realmente espantoso. Mas, talvez se não tivesse sido tingido, você sentiria muito mais medo."

VIII. A casa de Eld

Logo que a criança começava a falar, o grilhão era atado; os meninos e as meninas se arrastavam manquejantes como condenados quando brincavam. Isso era mais deplorável de ver e mais doloroso de suportar na juventude; mas mesmo pessoas adultas, além de muito trôpegas no andar, ficavam frequentemente acometidas de úlceras.

No tempo que Jack tinha dez anos, muitos estrangeiros começaram a viajar por aquele país. Ele notava como eles andavam com leveza pelas extensas estradas, e isso o espantava.

"Gostaria de saber como pode ser", ele perguntava, "que esses estrangeiros andem tão rápidos, enquanto nós temos de arrastar nossos ferros."

"Meu querido", dizia seu tio, o catequista, "não reclame de seu grilhão, pois é a única coisa que torna digna a vida. Eles não são felizes, nem bons, nem respeitáveis, pois não usam grilhões como nós. E devo lhe dizer, além disso, que essa conversa é muito perigosa. Se você se queixar de seu ferro, não terá sorte; se você arrancá-lo, será instantaneamente golpeado por um raio."

"Não existem raios para esses estrangeiros?" – perguntou Jack.

"Júpiter é indulgente com o incauto", retornou o catequista.

"De verdade, eu desejaria ter sido menos afortunado", disse Jack. "Pois se eu tivesse nascido incauto, poderia agora andar livre; e não se pode negar que os ferros são um obstáculo e as úlceras doem."

"Ah!" – gritou o tio, "não inveje o pagão! É triste a sorte deles! Ah, pobres almas, se apenas conhecessem as alegrias de estar aferroado! Pobres almas, meu coração apieda-se deles. Mas a verdade é que são perversos, odiosos e insolentes, têm má inclinação, são desprezíveis, não são verdadeiramente humanos – pois o que é um homem sem grilhões? Não faça contato com essa gente nem fale com eles."

Depois dessa conversa, a criança nunca passaria por um dos não agrilhoados sem que cuspisse nele e o injuriasse, uma prática comum entre as crianças daquele lugar.

Certo dia, Jack, já com a idade de quinze anos, penetrou na floresta e as úlceras o afligiam. Era um belo dia de céu azul; todos os pássaros cantavam; mas Jack cuidava de seu pé. Nesse instante, uma nova canção surgiu; parecia o canto de uma pessoa, apenas muito mais alegre; ao mesmo tempo soava uma batida na terra. Jack afastou os ramos e lá estava um jovenzinho de sua própria vila, saltando e dançando para si mesmo em um recanto coberto de folhagens; ao seu lado, sobre a relva estavam os grilhões do dançarino.

"Oh", gritou Jack, "você tirou seus ferros."

"Pelo amor de Deus, não conte a seu tio!" – pediu o menino.

"Por que você tem medo de meu tio", retornou Jack, "e não tem medo do raio?"

"Isso é apenas um conto de fadas para crianças", disse o outro. "Muitos de nós vêm aqui na floresta e dançamos juntos de noite e nada nos acontece."

Isso levou Jack a mil pensamentos. Ele era um rapaz sério; não tinha intenção de dançar; usava seu grilhão com coragem e cuidava de suas feridas sem queixas. Mas não gostava nada de ser ludibriado ou ver outros enganados. Ele começou a ficar de emboscada na penumbra do anoitecer à espera dos viajantes pagãos, oculto nas margens da estrada, a fim de falar com eles sem ser visto. Eles ficaram muito impressionados com esse inquisidor de beira de estrada. Falaram para ele coisas importantes. O uso de ferros, diziam, não foi determinado por Júpiter. Era invenção de uma figura de cara branca, um feiticeiro que habitava naquele país na Floresta de Eld. Como Glauco, podia mudar sua forma. Mesmo assim podia ser reconhecido, pois quando era contrariado gorgolejava como um peru. Tinha três vidas. Só que o terceiro golpe poderia dar cabo dele de vez; ele e sua casa de feitiçaria desapareceriam, os grilhões cairiam, todos os habitantes se dariam as mãos e dançariam como crianças.

"E em seu país?" – Jack perguntou.

A essa pergunta os viajantes, unanimemente, desconversaram; então Jack presumiu que não havia nenhuma terra inteiramente feliz. Ou, se houvesse, devia ser daquelas que mantêm sua gente em casa; o que seria bastante normal.

Mas o problema dos grilhões o afligia. Ver as crianças mancarem cambaleantes diante de seus olhos; os gemidos delas quando tratavam suas úlceras o feriam. E finalmente veio em sua mente que tinha nascido para libertá-las.

Havia na vila uma espada sagrada, forjada por Vulcão. Nunca era usada senão no templo, e mesmo então somente a sua face plana; ficava pendurada em um prego na chaminé do catequista. Numa noite, Jack levantou-se, pegou a espada e deixou a casa; saiu da vila e penetrou na escuridão.

Ele andou toda a noite a esmo; e quando amanheceu, encontrou estrangeiros indo aos campos. Perguntou pela Floresta de Eld e pela casa do feiticeiro; um disse que era ao norte, outro disse que era ao sul; Jack percebeu que eles o enganavam. Perguntou qual era o caminho a um homem qualquer e exibiu a espada brilhante e nua; no mesmo instante o grilhão tiniu no calcanhar do homem e respondeu por ele; a palavra dita foi CONTINUE RETO. O homem, quando seu grilhão falou, espancou Jack e atirou pedras nele enquanto ele se afastava. Sua cabeça ficou machucada.

Assim chegou à floresta e nela penetrou. Percebeu uma casa que ficava num lugar baixo, onde havia fungos, as árvores se encontravam, vapores desprendiam-se do pântano como fumaça. Era um casarão elegante, numa forma toda irregular; algumas partes eram antigas como os montes; outras entretanto eram de ontem e não terminadas; todos as entradas estavam abertas, de maneira que se podia entrar na casa por todos os lados. Mas estava bem cuidada e de todas as suas chaminés saía fumaça.

Jack entrou pelo coruchéu; havia uma sala após outra, todas vazias, mas todas parcialmente mobiliadas, o suficiente para que um homem pudesse fazer ali sua habitação; em cada sala havia um fogo aceso para aquecimento e uma mesa coberta para as refeições. Mas Jack não viu nenhuma criatura viva; apenas corpos empalhados.

"É uma casa hospitaleira", disse Jack; "mas o solo por baixo deve ser pantanoso, pois a cada passo a construção treme."

Ele tinha percorrido por algum tempo a casa, quando sentiu fome. Olhou então a comida, e sentiu inicialmente medo; desembainhou a espada, e pelo seu brilho a comida parecia boa. Então tomou coragem de sentar-se à mesa e comer. Sentiu-se revigorado de mente e corpo.

"É estranho", pensou, "que na casa do feiticeiro possa haver comida tão benéfica."

Enquanto ele ainda comia, entrou na sala a aparição de seu tio. Jack ficou com medo porque ele tinha furtado a espada. Mas seu tio estava bondoso como nunca, sentou-se para comerem juntos e o elogiou por ele ter furtado a espada. Nunca os dois tinham estado tão agradavelmente juntos, e Jack estava cheio de amor por seu tio.

"Foi uma boa ação", disse o tio, "pegar a espada e vir por você mesmo à Casa de Eld; uma boa ideia e um ato de coragem. Mas agora você está satisfeito, e podemos ir para casa jantar de braços dados."

"Oh, querido tio, não!" – disse Jack. "Não estou ainda satisfeito."

"Como!"– gritou o tio. "Você não está aquecido pelo fogo? Essa comida não o satisfez?"

"Sei que a comida está excelente", disse Jack. "Contudo, isso não prova que um homem precisa usar grilhão em sua perna direita."

Então a aparição do tio gorgolejou como um peru.

"Júpiter!" – gritou Jack, "esse é o feiticeiro?"

Suas mãos se retraíram, e o amor que tinha por seu tio fez seu coração palpitar; mas ele levantou a espada e golpeou a aparição na cabeça. Ela gritou estrepitosamente com a voz de seu tio e desabou no chão; depois uma coisa branca e descorada fugiu da sala.

O grito zuniu nos ouvidos de Jack, seus joelhos bateram um no outro, e a consciência o acusou; apesar disso sentiu-se fortalecido, e a vontade de destruir o feiticeiro percorreu-lhe a medula.

"Se os grilhões devem cair", disse, "tenho de ir adiante, e quando retornar para casa encontrarei meu tio dançando."

Então ele foi atrás da coisa descorada. No caminho, ele encontrou a aparição de seu pai; seu pai o repreendeu, e o chamou a seus deveres, mandou que fosse para casa enquanto ainda era tempo.

"Você poderá chegar em casa ainda ao entardecer", disse a aparição. "E então tudo será perdoado."

"Deus sabe", disse Jack, "temo a sua repreensão. Apesar disso, sua repreensão não prova que um homem tem de usar grilhões em sua perna direita."

Então a aparição de seu pai gorgolejou como um peru.

"Ah, céus", gritou Jack, "o feiticeiro novamente!"

Suas juntas estalaram, e o amor que tinha por seu pai fez o sangue refluir em seu corpo. Mas ele levantou a espada, e a mergulhou no coração da aparição. Ela gritou estrepitosamente com a voz de seu pai, e desabou no chão. Uma coisa branca e descorada fugiu da sala.

O grito zuniu nos ouvidos de Jack, e sua alma ficou negra; Mas então um furor se apossou dele.

"Não ouso pensar sobre o que tenho feito", disse ele. "Irei até o fim com isso, ou morrerei. Quando chegar em casa, pedirei a Deus que isso seja um sonho, e que eu possa encontrar meu pai dançando."

Então foi atrás da coisa descorada que tinha escapado. No caminho, encontrou a aparição de sua mãe. Ela chorava.

"O que você fez?" – ela gritou. "O que é isso que você fez? Volte para casa, onde poderá chegar na hora de dormir, antes que você faça mais mal a mim e aos meus; pois já basta ter tirado a vida de meu irmão e seu pai."

"Querida mãe, não matei meu pai nem meu tio", disse Jack; "foi apenas a aparição do feiticeiro que matei. E mesmo que eu o tivesse feito, não provaria que um homem tem de usar um grilhão na sua perna direita."

Ao dizer isso, a aparição gorgolejou como um peru.

Ele nunca soube como tinha feito aquilo. Mas girou a espada para um dos lados, e partiu a aparição bem ao meio. Ela gritou estrepitosamente com a voz de sua mãe, e desabou no chão; com isso, a casa desapareceu, ele ficou sozinho na floresta e o grilhão desprendeu-se de sua perna.

"Ótimo", disse ele, "o feiticeiro agora está morto, e o ferro se foi."

Mas os gritos retiniam em sua alma, e o dia tornou-se noite para ele.

"Isso tem sido uma aflição", disse. "Sairei da floresta, e verei o bem que fiz aos outros."

Ele pensou deixar o grilhão onde tinha caído, mas quando virou para ir embora teve outra ideia. Colocou o grilhão em seu peito; o rígido ferro o feria enquanto ele avançava, e seu peito sangrou.

Quando saiu da floresta e alcançou o caminho, encontrou as pessoas retornando do campo. Aqueles que ele encontrou não tinham o ferro na perna direita, mas, que desgraça! Tinham-no em sua perna esquerda. Jack perguntou o que aquilo significava. Eles disseram:

"Era um novo uso, pois descobriu-se que o velho era uma superstição."

Então ele olhou mais de perto; havia uma nova úlcera no tornozelo esquerdo, e a velha no direito ainda não estava curada.

"Oh, que Deus me perdoe!" – gritou Jack. "Queria estar em casa."

Quando chegou em casa, lá estava o tio golpeado na cabeça; seu pai ferido no coração e sua mãe partida ao meio. Sentou-se na casa vazia e chorou sobre os corpos.

MORAL
Velha é a árvore e boa a fruta,
A floresta muito velha e espessa.
Lenhador, é sua coragem firme?
Cuidado! A raiz está se enrolando
No coração de sua mãe, nos ossos de seu pai;
E soltam gemidos como a mandrágora arrancada.

IX. Os quatro reformadores

Quatro reformadores se encontraram debaixo de uma amoreira silvestre. Todos concordaram que o mundo precisa mudar.

"Temos de abolir a propriedade", disse o primeiro.

"Temos de abolir o casamento", disse o segundo,

"Temos de abolir Deus", disse o terceiro

"Eu gostaria que pudéssemos abolir o trabalho", disse o quarto.

"Não nos faça ir além das políticas práticas", disse o primeiro. "O principal é igualar os homens num nível comum a todos."

"O principal", disse o segundo, "é dar liberdade a homens e mulheres."

"O principal", disse o terceiro, "é descobrir como fazê-lo."

"O primeiro passo", disse o primeiro, "é abolir a Bíblia."

"O principal", disse o segundo, "é abolir as leis."

"O principal", disse o terceiro, "é abolir a humanidade."

X. O homem e seu amigo

Um homem brigava com seu amigo.
"Você tem me enganado muito", disse o homem.

O amigo lhe fez uma careta e foi embora.

Pouco depois, ambos morreram, e se apresentaram juntos diante do grande Juiz da Paz. Ele olhou sombrio para o amigo, mas o homem não se abalou e manteve o bom ânimo.

"Achei aqui algumas notas de uma briga", disse o juiz, olhando seus registros. "O erro foi de quem?"

"Foi dele", disse o homem. "Ele falou mal de mim por trás de minhas costas."

"Ele fez isso?" – disse o juiz. "E me diga como ele falava sobre seus vizinhos?"

"Oh, ele sempre teve uma língua maldosa", disse o homem.

"E você o escolheu para amigo?" – disparou o juiz. "Meu bom amigo, aqui os tolos não têm serventia."

Então, o homem foi lançado no inferno. O amigo deu gargalhadas a valer na escuridão e ficou para ser julgado por outras acusações.

XI. O leitor

"Nunca li um livro tão iníquo", disse o leitor, lançando o livro no chão.

"Não precisa me estragar", disse o livro; "apenas conseguirá menos por mim como livro de segunda mão, e não fui eu que me escrevi."

"É verdade», disse o leitor; "minha briga é com o autor."

"Ah bom", disse o livro, "não precisa comprar suas extravagâncias."

"É verdade", disse o leitor. "Mas eu o tomei como um escritor alegre."

"Eu acho que é", disse o livro.

"A matéria com que você foi feito deve ser diferente da minha", disse o leitor.

"Deixa-me contar-lhe uma fábula", disse o livro. "Dois homens naufragaram perto de uma ilha deserta; um deles acreditou que estava em casa, o outro admitiu."

"Conheço esse gênero de fábula", disse o leitor. "Ambos morreram."

"Assim foi", disse o livro. "Não há dúvida sobre isso. Eles e todos também."

"É verdade", disse o leitor. "Avance um pouco mais. E quando todos morreram…"

"Ficaram nas mãos de Deus, da mesma forma que antes", disse o livro.

"Não é grande coisa, em seu julgamento", irrompeu o leitor.

"Quem é iníquo agora?" – disparou o livro.

E o leitor lançou o livro no fogo.

O covarde curva-se diante do castigo, e repele a face férrea de Deus.

XII. O cidadão e o viajante

"Olhe ao redor", disse o cidadão. "Esse é o maior mercado do mundo."

"Oh, não é, certamente", disse o viajante.

"Bem, talvez não seja o maior", disse o cidadão, "mas é o melhor."

"Você está errado nisso, sem dúvida", disse o viajante. "Posso contar-lhe..."

Eles enterraram o estrangeiro ao anoitecer.

XIII. O estrangeiro notável

Um dia veio a esta Terra um visitante de um planeta vizinho. Ele foi encontrado no lugar de sua aterrissagem por um grande filósofo, que foi mostrar-lhe tudo.

Primeiro, foram por entre uma floresta, e o alienígena olhou respeitosamente as árvores. "Quem temos aqui?" – perguntou.

"São apenas plantas", disse o filósofo. "São seres vivos, mas estão fora de todo interesse."

"Não tenho certeza disso", replicou o alienígena. "Parecem ter excelente conduta. Nunca falam?"

"Falta-lhes o dom", disse o filósofo.

"Apesar disso, eu acho que as ouço cantar", disse o outro.

"É apenas o vento entre suas folhas", disse o filósofo. "Explicarei a você a teoria dos ventos: é muito interessante."

"Bem", disse o alienígena, "gostaria de saber o que estão pensando."

"Não podem pensar", disse o filósofo.

"Não tenho certeza disso", retornou o alienígena. E então, pousando suas mãos em um tronco, disse: "Eu gosto dessas pessoas."

"Não são pessoas absolutamente", disse o filósofo. "Vamos adiante."

Foram depois a um campo onde havia vacas.

"Essas pessoas são muito sujas", disse o alienígena.

"Não são pessoas em absoluto", disse o filósofo, e explicou o que é uma vaca em termos científicos; quais eram esqueci.

"São para mim o mesmo", disse o alienígena. "Mas por que nunca olham para cima?"

"Porque são herbívoros", disse o filósofo; "para viver do pasto, que não é muito nutritivo, é preciso tanta atenção que eles não têm tempo para pensar, falar, ou olhar a paisagem, ou manterem-se limpos."

"Bem", disse o alienígena, "é uma maneira de viver, sem dúvida. Prefiro o povo de cabeça verde."

A seguir foram a uma cidade. As ruas estavam cheias de homens e mulheres.

"Essas pessoas são muito esquisitas", disse o alienígena.

"É o povo da maior nação da Terra", disse o filósofo.

"São mesmo?" – disse o alienígena. "Não parece."

XIV. Os cavalos de carga e o cavalo de montaria

Dois cavalos de carga, um castrado e uma égua, foram trazidos para Samoa, colocados no mesmo campo com um cavalo de sela para correrem livres na ilha. Os animais de carga ficaram bastante receosos de ficar perto do outro, pois viram que era um cavalo de sela, e pensavam que ele não queria falar com eles. O cavalo de sela por sua vez nunca tinha visto criaturas tão grandes. "Devem ser grandes chefes", pensou, e gentilmente se aproximou deles.

"Minha senhora e meu senhor", disse, "percebo que os senhores vêm das colônias. Recebam meus cordiais cumprimentos. Sejam calorosamente bem-vindos a esta ilha."

Os dois olharam desconfiados para ele, e trocaram ideias entre si.

"Quem será ele?" – disse o cavalo castrado.

"Ele dá a impressão de que se faz de polido", disse a égua.

"Não acho que deva ser levado muito a sério", disse o castrado.

"Pode apostar, ele é apenas um canaca", disse a égua.

Depois dessas considerações, eles se voltaram para ele.

"Vá para o diabo!" – disse o castrado.

"Me admiro de seu descaramento de falar com pessoas de nossa qualidade!" – vociferou a égua.

O cavalo de sela afastou-se. "Eu estava certo", disse, "são grandes chefes."

XV. O Girino e a Rã

"Envergonhe-se de si mesmo", disse a rã. "Quando eu era um girino não tive rabo."

"Foi exatamente o que pensei", disse o girino. "Você nunca foi um girino."

XVI. Algo deve haver

Os nativos contaram-lhe muitas histórias. Em particular, eles o preveniram sobre a casa dos caniços amarelos, amarrados com corda preta. Caso alguém a tocasse, se tornaria instantaneamente uma presa de Akaanga, que o levaria para Miru, o vermelho. Seria embebedado com a kawa dos mortos, assado no forno e devorado pelos comensais da morte.

"Nada disso existe", disse o missionário.

Havia uma baía naquela ilha, muito linda de apreciar; mas, como diziam os nativos, nela a morte tomava seu banho.

"Nada disso existe", disse o missionário. Foi ver a dita baía e entrou para nadar. Na mesma hora um redemoinho o agarrou e o levou na direção do recife.

"Oho!" – pensou o missionário, "parece haver algo nisso afinal de contas." Ele nadou com o máximo esforço, mas o redemoinho o carregou.

"Não me preocupa esse redemoinho", disse o missionário. No mesmo momento que disse isso, avistou uma casa erguida sobre pilares, construída com caniços amarelos unidos uns aos outros, todos atados com corda preta; uma escada levava à porta, e em torno de toda a casa havia cabaços suspensos. Ele nunca tinha visto essa casa, nem os tais cabaços; e o turbilhão o levou diante da escada.

"É extraordinário", disse o missionário. "Mas pode não haver nada nisso." Ele agarrou-se à escada e subiu. Era uma bela casa, mas não havia ninguém nela; e quando o missionário olhou para trás não viu a ilha, via apenas mar.

"É estranho, a ilha sumiu", disse o missionário, "mas quem tem medo? Minhas histórias é que são as verdadeiras."

Estendeu a mão para pegar um cabaço, pois ele era um daqueles que adorava curiosidades. Mal o tinha tocado, o cabaço estourou como uma bolha e desapareceu. A noite desceu sobre ele, como também as águas, como também as malhas de uma rede; e ele deu rabanadas nela como um peixe.

"Qualquer pessoa pensaria que aí houve alguma", disse o missionário. "Mas, se essas histórias são verdadeiras, eu gostaria de saber o que há em minhas histórias."

Então a tocha flamejante de Akaanga aproximou-se no meio da noite; mãos disformes agarraram as malhas da rede; pegaram o missionário com o indicador e o polegar e o levaram gotejante na noite e no silêncio para o lugar onde ficavam os fornos de Miru.

Lá estava Miru, vermelho em brasa no calor dos fornos; sentadas ali, suas quatro filhas preparavam a kawa dos mortos; ali estavam os que vieram das ilhas dos viventes, chorando e lamentando.

Era um lugar terrível para qualquer um dos filhos dos homens. Mas de todos que alguma vez ali estiveram, o missionário era o mais preocupado; e, para tornar pior as coisas, a pessoa perto dele era um dos seus convertidos.

"Aha", disse o convertido, "então o senhor está aqui como seus vizinhos? E o que diz de todas as suas histórias?"

"Parece", disse o missionário explodindo em lágrimas, "que não havia nada nelas."

Nesse instante a kava dos mortos ficou pronta, e as filhas de Miru começaram a entoar um canto antigo: "Perdidos estão as ilhas verdejantes e o mar luminoso, o sol e a lua, os quarenta milhões de estrelas, a vida, o amor e a esperança. Doravante nada mais há; só noite e silêncio, ver devorados seus amigos; pois a vida é uma ilusão, e a venda foi retirada de seus olhos."

Logo que terminou o canto, uma das filhas veio com a taça. No peito do missionário veio o desejo de beber a kava; ele ansiava por ela como um náufrago pela terra, ou um noivo por sua noiva; estendeu a mão e pegou a taça e a teria bebido, mas lembrou-se de tudo e devolveu a bebida.

"Beba!" – entoou a filha de Miru. "Não há kava como a kava dos mortos, e bebê-la uma vez é o prêmio da vida."

"Grato. O aroma é excelente", disse o missionário. "Mas já sou um homem premiado; embora esteja ciente de haver uma diferença de opinião mesmo em nossa própria fé, sempre considerei que a kava deve ser rejeitada."

"O quê?" – vociferou o convertido. "Você vai respeitar um tabu numa hora dessa? Você sempre foi contra os tabus quando era vivo!"

"Os de outras pessoas", disse o missionário. "Nunca os meus próprios."

"Mas comprovou-se que todos os seus estavam errados", disse o convertido;

"Parece que sim", disse o missionário, "e não posso mudar isso, mas não é razão para me fazer quebrar a palavra."

"Nunca ouvi nada parecido com isso!" – exclamou a filha de Miru. "Diga, o que espera ganhar?"

"Essa não é a questão", disse o missionário. "Eu assumi esse compromisso pelos outros. Não deixarei de cumpri-lo para me beneficiar."

A filha de Miru estava perplexa. Ela foi contar tudo para sua mãe, e Miru ficou contrariado. Foram então falar com Akaanga.

"Não sei o que fazer", disse Akaanga.

Ele veio e argumentou com o missionário.

"Mas há coisas tanto certas como erradas", disse o missionário; "e os seus fornos não podem alterar isso."

"Dê a kava aos outros", disse Akaanga para a filha de Miru. "Tenho de me livrar desse advogado do mar imediatamente ou algo pior acontecerá."

No momento seguinte o missionário emergiu no meio do oceano, e viu ali diante dele as palmeiras da ilha. Ele nadou até a praia com alegria, e chegou a terra. Muita matéria de reflexão estava na mente daquele missionário.

"Parece que estive mal-informado sobre alguns pontos", disse. "Talvez não haja nada nisso, como eu pensei; mas há alguma coisa afinal de contas. Estou contente por isso."

E ele tocou o sino para o serviço.

MORAL
Os pilares quebram-se, as pedras desintegram-se,
Os altares eternos balançam e caem,
As leis e as histórias evaporam como névoa
Em torno do evangelista aturdido.
Ele se mantém inabalável da velhice até a juventude
Sobre um fio tênue de verdade.

XVII. Fé, meia-fé, fé nenhuma

Num tempo antigo, três homens partiram em peregrinação; um era padre, outro uma pessoa virtuosa, o terceiro era um velho andarilho com seu machado.

Enquanto iam, o padre falou sobre os fundamentos da fé.

"Encontramos as provas de nossa religião nas manifestações da natureza", disse ele, e bateu no peito.

"Isso é verdadeiro", disse o virtuoso.

"O pavão tem uma voz desagradável", disse o padre, "como tem sido registrado em nossos livros. Como é animador!" – exclamou com voz chorosa. "Como é confortante!" – completou.

"Não exijo nenhuma dessas provas", disse o virtuoso.

"Então você não tem uma fé racional", disse o padre.

"Grande é a justiça, e ela prevalecerá!" – defendeu o virtuoso. "Há lealdade em minha alma; acredite, há lealdade na mente de Odin."

"Isso não é mais do que jogo de palavras", retornou o padre. "Uma tal bobagem não é nada para o pavão."

Nesse momento eles passavam por uma fazenda, onde havia um pavão pousado em uma grade. A ave abriu o bico e cantou com uma voz de rouxinol.

"Como fica você agora?" – perguntou o virtuoso. "Ainda assim isso não me abala! Grande é a verdade, e ela prevalecerá!"

"Que o demônio carregue o pavão!" – disse o padre. E ele seguiu tristonho por uma milha ou duas.

Mas nesse momento chegaram a um santuário, onde um faquir realizava milagres.

"Ah", disse o padre, "aqui estão os verdadeiros fundamentos da fé. O pavão era apenas um exemplo ilustrativo. A base de nossa religião é essa."

E ele bateu no peito, e gemeu como alguém que estivesse com cólica.

"Quanto a mim", disse o virtuoso, "tudo isso é tão insignificante quanto o pavão. Eu acredito porque vejo que a justiça é grande e deve prevalecer; esse faquir pode continuar com seus milagres até o Juízo Final, mas ele não vai iludir um homem como eu."

A essas palavras, o faquir ficou tão exasperado que suas mãos tremeram. E, no meio de um milagre, as cartas caíram de sua manga.

"Como fica você agora?" – perguntou o virtuoso. "Ainda assim, isso não me abala!"

"O demônio carregue o faquir!" – berrou o padre. "Eu realmente não vejo que bem pode haver em continuar essa peregrinação."

"Ânimo!" – exclamou o virtuoso. "Grande é a justiça, e ela prevalecerá."

"Se você está realmente confiante de que ela prevalecerá..." – disse o padre.

"Dou minha palavra", disse o virtuoso.

Então o outro reiniciou a caminhada com melhor ânimo.

Por fim alguém chegou correndo e disse-lhes que tudo estava perdido: os poderes das trevas tinham tomado a Mansão Celestial, Odin estava à morte, e o mal triunfava.

"Tenho estado estupidamente iludido", disse o virtuoso.

"Tudo está perdido", disse o padre.

"Será que é tarde demais para fazer um acordo com o diabo?" – disse o virtuoso.

"Espero que não", disse o padre. "De qualquer maneira podemos tentar. Mas o que você está fazendo com seu machado?" – perguntou ao andarilho.

"Estou indo embora para morrer com Odin", disse o andarilho.

XVIII. A pedra de toque

O rei era um homem estimado. Seu sorriso era doce como o perfume do trevo, mas seu mundo interior era tão pequeno como um grão de ervilha. Ele tinha dois filhos. Amava o mais jovem, mas temia o mais velho. Certa manhã, antes mesmo que o dia despontasse, ouviu-se o toque do tambor. O rei partiu com seus dois filhos, acompanhado de valentes soldados. Cavalgaram por duas horas, e chegaram ao pé de uma montanha muito íngreme.

"Aonde vamos?" – perguntou o filho mais velho.

"Vamos cruzar essa montanha", disse o rei e sorriu para si mesmo.

"Nosso pai sabe o que está fazendo", disse o mais jovem.

E prosseguiram por mais duas horas. Chegaram às margens de um rio turvo, de extraordinária profundidade.

"E aonde vamos?" – perguntou o filho mais velho.

"Vamos atravessar o rio", disse o rei e sorriu para si mesmo.

"Nosso pai sabe o que está fazendo", disse o mais jovem.

Cavalgaram o dia todo e ao entardecer alcançaram as margens de um lago, onde havia uma fortaleza.

"É aqui, iremos para a casa de um rei e de um padre onde vocês aprenderão muito."

Chegaram aos portões da fortaleza, o rei que era um padre veio encontrá-los; era uma homem sério, ao seu lado estava a filha. Era bela como a manhã; tinha os olhos baixos e sorria.

"Esses são meus dois filhos", disse o primeiro rei.

"E essa é minha filha", disse o rei que era um padre.

"É uma moça linda", disse o primeiro rei, "e gosto do seu modo de sorrir."

"Eles são rapazes maravilhosamente bem desenvolvidos", disse o segundo, "e eu gosto da seriedade deles."

Depois disso, os dois reis se olharam e disseram: "Pode acontecer o que esperamos".

Nesse meio tempo, os dois jovens olharam a jovem com reverência. Um empalideceu; o outro ficou corado. A jovem baixou os olhos e sorria.

"Eis a moça com quem me casarei", disse o mais velho. "Acho que ela sorriu para mim."

O mais jovem puxou o pai pela manga:

"Pai", ele disse, "uma palavra aqui ao pé do ouvido. Se eu achar graça aos seus olhos, poderei me casar com essa moça, pois acho que ela sorriu para mim."

"Uma palavra ao pé do ouvido", disse o rei, seu pai. "Esperar torna favorável a caçada, e quando os dentes estão cerrados a língua fica quieta."

Então eles entraram e se banquetearam. Era uma casa esplêndida. Os rapazes estavam atônitos. O rei que era padre sentou à cabeceira e ficou em silêncio. Isso fez os rapazes encherem-se de reverência. A jovem servia a todos sorrindo de olhos baixos, e isso agradou os dois jovens.

Antes que a noite terminasse, o mais velho levantou-se. Ele encontrou a jovem em seu tear, pois era muito aplicada.

"Minha jovem", disse ele, "gostaria de me casar com você."

"Precisa falar com meu pai", ela disse. Baixou os olhos sorrindo, e parecia uma rosa.

"É meu o seu coração», pensou o jovem, e saiu seguindo para o lago. Ali ele cantou.

Pouco depois veio o mais jovem.

"Minha jovem", disse ele, "se nossos pais concordarem, eu gostaria de me casar com você."

"Você pode falar com meu pai", ela disse. Baixou os olhos sorrindo, e parecia uma rosa.

"É uma filha respeitosa", disse o jovem, "será uma esposa obediente." Então ele pensou: "O que devo fazer?" Ele se lembrou que o pai dela era um padre; então foi ao templo e sacrificou uma doninha e uma lebre.

As notícias se espalharam. Os dois rapazes e o primeiro rei foram chamados à presença do rei que era padre.

"Pouco me interessa a posse das coisas", disse, "e pouco o poder. Pois vivemos aqui entre a sombra das coisas, e o coração está farto de vê-las. Estamos aqui no vento como roupas a secar, e o coração está cansado do vento.

Mas uma coisa que eu amo é a verdade. Por uma coisa eu darei minha filha. E essa coisa é a pedra de toque. Pois à luz dessa pedra a aparência se dissolve e o ser se mostra, e todas as coisas ao redor perdem o valor. Portanto, meus jovens, se desejarem casar com minha filha, ponham-se a caminho e me tragam a pedra de toque, pois este é o preço que terão de pagar por ela."

"Uma palavra ao pé do ouvido", disse o filho mais jovem ao pai. "Acho que teremos sucesso mesmo sem essa pedra."

"Uma palavra ao pé do seu ouvido", disse o pai. "Penso como você. Mas quando os dentes estão cerrados a língua fica quieta." E ele sorriu para o rei que era padre.

Porém, o filho mais velho ficou de pé, e chamou de pai o rei que era padre.

"Pois se me casar ou não com sua filha, o chamarei de pai por amor a sua sabedoria; agora mesmo partirei e percorrerei o mundo em busca da pedra de toque."

Assim disse o jovem, despediu-se e foi correr o mundo.

"Acho que vou também", disse o mais jovem, "se eu tiver sua permissão. Pois esta jovem me encanta."

"Você retornará comigo para casa", disse o pai.

Rumaram para casa, e quando chegaram o rei conduziu o jovem filho ao seu tesouro.

"Aqui", disse, "está a pedra de toque que mostra a verdade; pois não há verdade senão a verdade evidente; e se você olhar aí dentro, se verá como é."

O jovem olhou e viu seu rosto como se fosse o rosto de um jovem impúbere. Ele ficou bastante satisfeito com isso, pois a coisa era um espelho.

"Aqui não há nada extraordinário para merecer esforço", disse ele; "mas não me queixarei se com isso eu conseguir a jovem. Que tolo é meu irmão para percorrer o mundo em busca de uma coisa que sempre esteve em casa."

Eles então voltaram à casa do rei que era padre e lhe mostraram o espelho. Quando ele se viu e se reconheceu com um rei, sua casa como a casa de um rei e todas as outras coisas como elas mesmas, ele soltou um grito e agradeceu a Deus.

"Agora sei", disse, "não há verdade senão a verdade evidente; sou de fato um rei, embora eu não tivesse certeza."

Ele demoliu o seu templo e construiu um novo, e o jovem casou-se com a sua filha.

Entrementes, o mais velho viajou pelo mundo para encontrar a pedra que revela a verdade. Em cada povoado que chegava, perguntava aos habitantes se já tinham ouvido falar sobre a pedra de toque. Em todos os lugares respondiam:

"Não apenas ouvimos, como também somos os únicos que a possuímos. Está pendurada ao lado da nossa chaminé até hoje."

Então o jovem se alegrava e pedia para vê-la. Algumas vezes era um pedaço de espelho que mostrava a aparência das coisas. Ele dizia: "Não pode ser esta, pois deve mostrar mais do que a aparência das coisas."

Outras vezes era um bloco de carvão que não mostrava nada. Então ele dizia: "Não pode ser esta, pois não mostra nem mesmo a aparência das coisas."

Outras vezes, era uma pedra em cor, linda e polida, com uma superfície luminosa. Ele pedia a pedra, e as pessoas do povoado davam-na, pois todos eram homens muito generosos, de modo que, por fim, sua sacola ficou cheia delas, e todos o saudavam quando ele partia.

Parava à beira do caminho, tirava as pedras e testava uma a uma, até que sua cabeça girava como as asas de um moinho de vento.

"Essa busca não tem fim!" – dizia o jovem. "Aqui eu tenho a vermelha, aqui a azul e a verde; para mim parecem todas excelentes e, apesar disso, desmentem-se reciprocamente. É uma busca infeliz! Se não fosse pelo rei, que é padre e a quem eu chamo de pai, e se não fosse pela bela jovem que me fez cantar e balançar meu coração, eu lançaria todas agora mesmo no mar, iria para casa e seria um rei como outros."

Mas ele era como o caçador que viu um veado na montanha; de tal modo que a noite pode cair, o fogo ser aceso e as luzes brilharem em sua casa, mas o desejo de alcançar o animal predomina em seu peito.

E assim, depois de muitos anos, o jovem chegou ao mar. Era noite, o lugar era ermo e o mar estava revolto. Viu uma casa ali e um homem sentado à luz de uma vela, pois ele não tinha fogo. O jovem foi até ele. O homem lhe deu água para beber, pois ele não tinha pão, e acenava com a cabeça quando ele falava, pois lhe faltavam as palavras.

"Você tem a pedra de toque da verdade?" – perguntou o jovem, e o homem acenou afirmativamente com a cabeça. "Pude conhecer várias", disse o jovem. "Trago comigo um saco cheio delas!" E riu, embora seu coração estivesse cansado.

Com isso, o homem riu também, e com o sopro do seu riso a vela apagou-se.

"Durma, disse o homem, pois acho que você veio de muito longe. Sua busca terminou, e minha vela apagou."

Quando amanheceu, o homem lhe deu um seixo claro. Não tinha cor nem beleza. O jovem olhou aquela pedra com desdém, balançou a cabeça e foi embora, pois lhe pareceu sem valor.

Ele cavalgou o dia inteiro. Tinha o espírito calmo e o desejo da caça estava atenuado.

"E se essa pedra vulgar for a pedra de toque afinal?" – perguntou, e desceu do cavalo. À beira do caminho esvaziou o saco. Examinando uma com outra, viu que todas as pedras tinham perdido a luz e o brilho, esmaecidas como as estrelas ao amanhecer. Mas à luz do seixo, a beleza delas permanecia e o seixo era a mais brilhante. O jovem bateu na testa.

"E se esta for a verdade?" – bradou, "todas as outras seriam um pouco?" Pegou o seixo e virou sua luz para o céu, que se expandiu em torno dele como um poço profundo. Ele virou a pedra para os montes. Eles estavam gélidos e ásperos, mas a vida se movimentava pelas suas encostas, de modo que sua própria vida se expandiu. Virou a pedra para o solo, e ele viu a terra com alegria e terror. Virou a pedra para si mesmo, e ajoelhou e rezou.

"Graças a Deus", disse o jovem, "achei a pedra de toque; agora posso virar as rédeas e retornar para a casa do rei e da jovem que faz meu coração palpitar e minha boca cantar."

Quando chegou ao palácio, viu crianças brincando perto dos portões onde o rei tinha ido ao seu encontro nos velhos dias, e isso levou sua alegria, pois ele pensou em seu coração:

"É aqui que meus filhos deviam brincar." Mas foi adiante e entrou no salão. Ali encontrou seu irmão no trono e a jovem ao seu lado. A raiva emergiu, pois em seu íntimo ele pensou:

"Eu é que deveria estar sentado nesse trono, com essa mulher ao meu lado."

"Quem é você?" – perguntou seu irmão. "E o que faz aqui?"

"Sou o seu irmão mais velho", respondeu. "Estou de volta para casar-me com essa mulher, pois trouxe a pedra de toque da verdade."

O irmão riu a valer.

"Ora", disse ele, "eu achei a pedra de toque há muitos anos, me casei com essa mulher, e nossos filhos estão brincando diante dos portões."

Com isso o irmão mais velho ficou tão pálido como o raiar do dia.

"Espero que tenha agido com justiça", disse, "pois percebo que minha vida está perdida."

"Justiça?" – retornou o irmão mais novo. "Você, que é um homem aventureiro, um vagabundo, não tem o direito de duvidar da minha justiça, ou do rei meu pai, gente sedentária e conhecida de todos."

"Não", disse o irmão mais velho, "você tem tudo, tenha paciência também; e aguente eu dizer que a pedra de toque é abundante no mundo, mas não é fácil saber qual a verdadeira."

"Eu não me envergonho da minha", disse o mais jovem. "Aqui está, e olhe nela."

O mais velho olhou-se no espelho e tomou um susto doloroso. Tinha se tornado um homem velho, seus cabelos estavam totalmente brancos. Ele sentou no salão e chorou.

"Pois é", disse o mais jovem, "veja que papel de bobo você fez, correr o mundo em busca de algo que estava guardado no tesouro do nosso pai, voltou um velho maltrapilho para quem os cachorros latem, sem níquel nem filho. E eu, sábio, cumpri meu dever e aqui me sento coroado de virtude e prazer, feliz à luz da minha lareira."

"Acho que você tem uma língua cruel", disse o mais velho; e puxou o seixo luminoso, voltou sua luz para o irmão. E, olha só, o homem estava mentindo, sua alma estava reduzida à pequenez de uma ervilha, seu coração era uma bolsa de pequenos terrores como escorpiões, o amor estava morto em seu coração. Diante daquilo o irmão gritou, e virou a luz do seixo para a mulher. Que lástima! Ela não era mais que a máscara de uma mulher, por dentro estava totalmente morta e sorria mecanicamente como o tique-taque do relógio, sem saber por que nem para quê.

"Oh", disse ele, "vejo que há o mal e o bem. Portanto, fiquem todos bem do jeito que puderem na fortaleza. Eu, por mim, continuarei percorrendo o mundo com minha pedra em meu bolso."

XIX. A pobre coisa

Havia um homem em uma ilha que pescava meramente para encher seu estômago, e arriscava a vida saindo para o mar em quatro pranchas. Embora tivesse muita dificuldade, ele era alegre. As gaivotas o ouviam rir quando os borrifos de água o atingiam. Embora tivesse pouco conhecimento, era cheio de ânimo. Quando o peixe fisgava seu anzol, ele agradecia a Deus sem pensar. Ele era muito pobre e tinha um rosto muito feio. Não tinha esposa.

Era temporada de pesca, quando em uma tarde ele acordou em sua casa. O fogo ardia no centro da sala, a fumaça subia e o sol descia pela chaminé. O homem viu uma aparição que aquecia as mãos ao redor da turfa incandescida.

"Eu te saúdo", disse o homem, "em nome de Deus."

"Eu te saúdo", disse aquele que aquecia as mãos, "mas não em nome de Deus, pois eu não venho Dele; nem em nome do Inferno, pois eu não sou do Inferno. Não sou mais do que uma coisa exangue, menos que o vento e mais leve que o som, o ar me atravessa como se eu fosse uma rede, o som me penetra e sou sacudido pelo frio."

"Fale claro comigo", disse o homem, "e me diga seu nome e de que natureza é."

"Meu nome ainda não foi dado e minha natureza ainda é incerta. Sou parte de um homem e fui uma parte de seus antepassados. Pesquei e lutei com eles num tempo remoto. Mas agora minha vez ainda não veio. Espero você ter uma esposa, e então eu existirei no seu filho, serei uma parte valente dele, alegrando-me virilmente ao lançar o barco nas ondas, hábil para mover o leme e um homem forte sempre que o círculo se fechar e a luta começar.

"Isso é algo maravilhoso de ouvir", disse o homem, "e se você de fato deve se tornar meu filho, tenho medo de que isso seja ruim para você, pois sou muito pobre e tenho um rosto muito feio. Nunca terei uma esposa, mesmo que eu atinja a idade das águias.

"Vim para remediar tudo isso, meu pai", disse a Pobre Coisa; "iremos esta noite à ilhota das ovelhas, onde nossos antepassados repousam em túmulos de pedra, e amanhã à Mansão do Conde, lá você encontrará uma esposa com minha ajuda."

O homem levantou-se e ao pôr do sol pôs-se ao mar. A Pobre Coisa ia sentada na proa, os borrifos de água atravessavam seus ossos como neve, o vento assobiava entre seus dentes, e o barco não acusava o seu peso.

"Estou com um terrível medo de você, meu filho", disse o homem, "pois me parece que você não vem de Deus."

"É apenas o vento assobiando em meus dentes", disse a Pobre Coisa. "O vento me atravessa, pois não há vida em mim."

Chegaram por fim à ilhota das ovelhas. As ondas arrebentavam por toda parte. Era toda coberta de samambaia, tudo era úmido de orvalho e a lua iluminava tudo. Desembarcaram em uma pequena enseada e seguiram a pé para a ilha. O homem caminhava com dificuldade entre as pedras sob as folhagens espessas da samambaia, mas a Pobre Coisa ia na frente dele como uma fumaça sob a luz da lua. Chegaram ao túmulo e encostaram seus ouvidos nas pedras. Lá dentro os mortos murmuravam como um enxame de abelhas:

"Houve um tempo em que a medula estava em nossos ossos, a força em nossos tendões; os nossos pensamentos eram revestidos com nossos atos e palavras. Mas agora estamos separados em partes, perdeu-se a solidez de nossos ossos e nossos pensamentos desapareceram na poeira."

Então disse a Pobre Coisa:

"Intime-os que lhe dê a virtude que eles detinham."

O homem disse:

"Ossos de meus antepassados, eu vos saúdo! Pois me deram a vida. E agora, vejam, rompi as pedras de sua sepultura e deixo que a luz do meio-dia penetre entre suas costelas. Considerem isso bem realizado, pois era para ser; me deem o que vim buscar em nome de Deus e de nosso sangue."

Os espíritos da morte moveram-se no túmulo como formigas; e falaram:

"Você rompeu a cobertura de nosso túmulo e deixa nossas costelas expostas à luz do meio-dia; você tem a força dos que ainda vivem. Nós, que virtude temos? Que poder? Ou que valor há aqui na poeira conosco que qualquer homem vivo possa desejar ou receber? Somos menos

83

que nada. Mas te diremos uma coisa, falando com muitas vozes como abelhas: o caminho é reto para todos como os sulcos deixados na água pelo barco: siga adiante sem medo, pois assim fizemos todos nós nos tempos antigos." E as vozes foram embora como um redemoinho num rio.

"Veja", disse a Pobre Coisa. "Eles te transmitiram uma lição, mas faça-os te dar uma prenda. Enfie sua mão entre os ossos sem retirá-las, e você descobrirá o tesouro deles."

Logo que ele pôs sua mão, os mortos a agarraram, muitos e diminutos como formigas, mas ele se livrou deles, e o que trouxe para cima foi uma ferradura de cavalo, e estava enferrujada.

"Isso é algo sem valor", disse o homem, "pois está enferrujada."

"Veremos", disse a Pobre Coisa; "para mim, é boa coisa para fazer o que nossos antepassados fizeram, e guardar o que eles guardaram sem perguntas. E para mim, uma coisa é tão boa quanto outra neste mundo, e uma ferradura de cavalo vai servir."

Entraram no barco com a ferradura e, quando o dia estava despontando, avistaram a cidade do conde e ouviram os sinos da igreja.

Ancoraram na praia, e o homem atravessou o mercado entre os pescadores e chegou diante do palácio e da igreja; era um homem paupérrimo e muito feio que levava em sua cesta, em vez de peixe para vender, uma ferradura de cavalo, e estava enferrujada.

"Agora", disse a Pobre Coisa, "faça assim e assado. Você achará uma esposa, e eu uma mãe."

Aconteceu que a filha do conde saiu para ir à igreja fazer suas preces e, quando ela viu o homem pobre parado no mercado com apenas uma ferradura de cavalo, e enferrujada, imaginou que seria algo de valor.

"O que é isso?" – ela perguntou.

"É uma ferradura de cavalo», ele disse.

"E qual a utilidade disso?" – ela perguntou.

"Não tem utilidade", disse o homem.

"Não posso acreditar nisso", ela replicou. "Do contrário, por que você a carregaria?"

"Porque assim meus ancestrais faziam nos tempos antigos. Não tenho uma razão melhor nem pior."

Essa resposta não convenceu a filha do conde.

"Vamos", disse ela, "me vende isso, pois tenho certeza de que essa coisa tem valor."

"De jeito nenhum", disse o homem, "não é para vender."

"Como!" – disse a moça. "Então o que faz você aqui no mercado da cidade com uma coisa dentro do cesto e nada ao lado?"

"Vim aqui", disse ele, "para encontrar uma esposa."

"Nenhuma de suas respostas tem sentido", pensou a filha do conde; "dá até vontade de chorar".

Nesse momento o conde apareceu. Ela o chamou e contou-lhe tudo. Depois que ele ouviu a filha, concordou com ela que aquilo podia ser algo de valor, e exigiu do homem que desse um preço pelo objeto, ou, do contrário, seria enforcado. O patíbulo estava perto, bem à mão, como ele podia ver dali.

"O caminho da vida é reto como os sulcos deixados na água pelo barco", disse o homem. "E se eu tiver de ser enforcado, que assim seja."

"O quê!" – objetou o conde, "dará seu pescoço por uma ferradura de cavalo, e ainda enferrujada?"

"Para mim", disse o homem, "uma coisa é tão boa quanto outra neste mundo e a ferradura de cavalo vai servir."

"Isso não pode estar acontecendo", pensou o conde, parado diante do homem, olhando-o e mordiscando a barba.

O homem revidou seu olhar e sorriu. "Era assim que meus ancestrais faziam nos tempos antigos", ele disse ao conde, "e não tenho uma razão melhor nem pior."

"Não há nenhum sentido nisso", pensou o conde, "devo estar ficando velho". Ele chamou a filha de lado e disse:

"Você dispensou muitos pretendentes, minha filha. Mas aqui temos um caso muito estranho. Por que um homem se apegaria tanto a uma ferradura de cavalo, e ainda enferrujada? E por que a oferece como algo a vender, e contudo não a vende? Estranho também que esteja ali sentado procurando uma esposa. Se eu não puder desvendar esse mistério não terei mais prazer em viver. Não vejo outro meio, ou enforcá-lo ou você casar-se com ele."

"Por minha fé, ele é tão feio!" – disse a filha. "E o patíbulo que está tão perto, à mão?"

"Não era assim que meus antepassados faziam nos tempos antigos", disse o conde. "Eu sou como esse homem e não posso dar-lhe uma razão melhor nem pior. Consinta, peço-lhe, e fale com ele de novo."

A jovem foi falar com o homem.

"Se você não fosse tão feio, meu pai, o conde, nos casaria."

"Muito feio eu sou", disse o homem, "e você tão bela como o mês de maio. Muito feio eu sou, e que importa isso? Era assim que meus antepassados..."

"Em nome de Deus", disse a jovem, "deixe seus antepassados em paz!"

"Se eu tivesse feito isso", disse o homem, "você não estaria conversando comigo aqui no mercado, nem seu pai, o conde, nos estaria observando com o canto dos olhos."

"Mas, convenhamos, é muito estranho que você se case comigo em troca de uma ferradura de cavalo, e ainda enferrujada."

"Para mim", disse o homem, "uma coisa é tão boa..."

"Oh, poupe-me", disse a jovem, "e me diga por que eu deveria me casar."

"Ouça e veja", disse o homem.

Nessa hora o vento soprou através da Pobre Coisa como se fosse o choro de um bebê. A jovem se comoveu, a venda caiu de seus olhos, e ela viu a criatura como se fosse um bebê sem mãe. Ela o tomou nos braços e ele se desfez como se fosse ar.

"Venha", disse o homem, "contemple a visão de nossos filhos, a faina em torno da lareira, as cabeças brancas. Que seja suficiente, pois tudo isso é dádiva de Deus."

"Não sinto nenhum prazer nisso", ela disse; mas suspirou.

"Os caminhos da vida são retos como os sulcos deixados na água pelo barco", disse o homem; e a tomou pela mão.

"E o que devemos fazer com a ferradura?" – perguntou.

"Eu a darei a seu pai", disse o homem; "e que ele faça uma igreja e um moinho para mim."

E veio o tempo em que a Pobre Coisa nasceu, mas a memória desses acontecimentos ficou adormecida nele; nunca soube o que tinha feito. Pois foi parte do filho mais velho; e se alegrava virilmente ao lançar o barco nas ondas, hábil no manejo do leme, um homem forte sempre que o círculo se fechava e a luta começava.

XX. A canção da manhã

O rei de Duntrine teve uma filha quando estava idoso. Era a mais linda princesa que havia entre dois mares. Seus cabelos eram como ouro trançado e os olhos eram como dois remansos de um rio. O rei deu para ela um castelo à beira da praia, com terraço, um pátio de pedras talhadas e uma torre em cada um dos quatro ângulos do edifício. Ali ela viveu e cresceu, sem se preocupar com o amanhã, sem poder sobre a hora, à maneira da gente simples.

Num dia de outono ela saiu a passear pela praia. O vento soprava do lado de onde vinha a chuva; o mar estava agitado, e folhas mortas voavam. Era a praia mais solitária entre dois mares. Coisas estranhas aconteceram ali em tempos passados. A filha do rei notou uma velha encarquilhada sentada na praia. A espuma do mar avançava até os seus pés, e folhas mortas em grande quantidade revoavam às suas costas; os trapos que a envolviam voavam pelo seu rosto ao sopro do vento.

"Ora veja", disse a filha do rei, e citou um nome santo, "esta é a velha mais infeliz entre dois mares."

"Filha de rei", disse a velha, "você mora numa casa de pedra e seus cabelos parecem ouro. Mas o que você ganha com isso? A vida não é longa, nem o que é vivo é forte, e você vive como gente simples sem pensar no amanhã, sem poder sobre as horas."

"Pensar no amanhã até que pensei. Mas poder sobre as horas eu não tenho", disse a filha do rei, e ficou a cismar.

Então a velha bateu palmas e riu como uma gaivota.

"Para casa!" – gritou ela. "Oh, filha de um rei, volte para sua casa de pedra, pois o desejo se apossou de você agora, e não poderá mais viver como gente simples. Vá para casa, trabalhe e sofra, até que a hora de dar chegue, aquela que a deixará desnuda, e até que lhe venha o homem, aquele que lhe dará proteção.

A filha do rei nada mais disse, virou-se e voltou para casa em silêncio. Quando entrou em seu quarto, chamou por sua ama.

"Ama", disse a filha do rei, "me vieram pensamentos sobre o dia de amanhã; não mais posso viver como pessoas simples. Diga-me que devo fazer para ter poder sobre a hora."

A ama gemeu como o vento na neve.

"Que pena que isso teve de acontecer", disse ela, "mas o pensamento já penetrou em seu espírito, nenhuma cura há. Que seja assim como você quer; poder você terá, embora o poder seja menos que a fraqueza. E, embora o pensamento seja mais frio que o inverno, você pensará até o fim."

A filha do rei permaneceu na sua casa de pedra, sentada em seus aposentos abobadados, e ficou pensando por nove anos. O mar batia no terraço, as gaivotas grasnavam ao redor das torres, o vento gemia nas chaminés. Nove anos sem sair, sem respirar ar puro, tampouco contemplar o céu de Deus. Nove anos ela permaneceu sentada sem olhar para a direita, nem para a esquerda, tampouco ouviu a voz de alguém. Apenas pensava no amanhã. Sua ama a alimentava em silêncio. Ela pegava o alimento com a mão esquerda e comia sem nenhuma graça.

Os nove anos se passaram, o lusco-fusco do outono veio, e no vento vinha um som como o de uma gaita de fole. A isso a ama levantou o dedo na casa abobadada.

"Ouço um som no vento", ela disse, "que parece o som de uma gaita de fole."

"É um som fraco", disse a filha do rei. "Mas é um som suficiente para mim."

Elas desceram no lusco-fusco até a porta da casa e caminharam ao longo da praia. De um lado as ondas saltavam e do outro folhas mortas esvoaçavam; as nuvens revoluteavam no céu e as gaivotas voavam na direção contrária ao sol. Quando chegaram ao lugar da praia onde coisas estranhas tinham acontecido em tempos antigos, lá estava a velha, e ela estava dançando na direção contrária ao sol.

"O que faz você dançar na direção contrária ao sol?" – perguntou a filha do rei; "aqui nessa praia deserta entre as ondas e as folhas mortas?"

"Ouço um som no vento que é como o som de uma gaita de fole", respondeu ela. "É por isso que eu danço contra o sol. Pois vem aí a hora de dar, aquela que a desnudará, e vem aí o homem, aquele que lhe dará proteção. Mas para mim a manhã em que tanto pensei está aí, e também a hora do meu poder."

"Como veio", disse a filha do rei, "se diante dos meus olhos você treme como um trapo e está pálida como uma folha morta?"

"Porque a manhã chegou, aquela em que tenho pensado, assim também a hora do meu poder", disse a velha, e caiu na areia, e já não era mais que resíduos deixados pelas ondas misturados ao pó da areia, e piolhos do mar pulavam no lugar onde ela estava.

"É a coisa mais estranha que aconteceu entre dois mares", disse a filha do rei de Duntrine. A ama não se conteve e gemeu como o vento de outono.

"Estou cansada do vento", ela disse, e lamentou seu dia.

A filha do rei notou a presença de um homem na praia. Estava encapuzado para que ninguém pudesse perceber seu rosto e segurava sob o braço uma gaita de fole. O som de sua gaita era como o vento que sussurra na palha e penetra no ouvido dos homens como o grito das gaivotas.

"Você é o esperado?" – perguntou a filha do rei de Duntrine.

"Eu sou o esperado", disse ele, "essa é a gaita que um homem pode ouvir, tenho poder sobre a hora e essa é a canção da manhã." Ele tocou a canção da manhã, e era tão longa quanto a vida de um homem. A ama chorou e soluçou ao ouvi-la.

"É verdade", disse a filha do rei, "que você tocou a música da manhã; mas que tenha poder sobre a hora, como posso saber? Mostre-me uma maravilha aqui na praia, entre as ondas e as folhas mortas."

"Em quem?" – perguntou o homem.

"Aqui está minha ama", disse a filha do rei. "Ela está cansada do vento. Mostre-me uma boa maravilha que recaia sobre ela."

A ama tombou sobre a areia como se fosse dois punhados de folhas mortas, que rodopiaram no vento na direção contrária a do sol, e piolhos do mar pululavam no meio da areia.

"É verdade", disse a filha do rei de Duntrine, "você é o esperado, e você tem poder sobre a hora. Venha comigo para a minha casa de pedra."

E assim eles foram caminhando pela margem do mar, o homem tocava a canção da manhã, as folhas os seguiam.

Sentaram-se um ao lado do outro; o mar batia no terraço, as gaivotas grasnavam em volta das torres e o vento sibilava nas chaminés. Ficaram sentados assim durante nove anos. Todos os anos, quando chegava o outono, o homem dizia:

"Esta é a hora e eu tenho poder sobre ela."

A filha do rei dizia: "Não ainda, apenas toque para mim a canção da manhã." Ele tocava, e era tão longa quanto a vida de um homem.

Passados os nove anos, a filha do rei de Duntrine se pôs de pé, como alguém que se lembrasse. Olhou ao redor na casa de pedra. Todos os seus criados tinham ido embora; apenas o homem que tocava a gaita estava sentado no terraço com as mãos no rosto; à medida que tocava, as folhas esvoaçavam pelo terraço e o mar batia ao longo do muro. Então ela gritou com uma grande voz: "Essa é a hora, deixe-me ver o poder dela". A essas palavras, o vento arrancou o capuz que cobria o rosto do homem, e não havia homem algum, apenas as roupas, o capuz e a gaita, que tombaram uma por cima da outra num canto do terraço, e folhas mortas esvoaçavam sobre roupas, capuz e gaita.

A filha do rei de Duntrine foi àquele ponto da praia onde coisas estranhas tinham acontecido em tempos passados. Ali ela sentou-se. A espuma do mar avançava até os seus pés, e folhas mortas em grande quantidade revoavam às suas costas; o véu que a envolvia esvoaçava pelo seu rosto ao sopro do vento. E quando ela ergueu os olhos, ali estava a filha de um rei que vinha caminhando pela praia. Seus cabelos eram como ouro trançado e os olhos como dois remansos de um rio. Ela não pensava no amanhã e não tinha poder sobre as horas, à maneira da gente simples.

XXI. O macaco cientista

Em certa ilha das Antilhas, em meio a denso bosque erguia-se uma casa. Ali vivia um vivisseccionista e, nas árvores, um bando de macacos antropoides. Ocorreu que o vivisseccionista apanhou um deles e o manteve algum tempo engaiolado no laboratório. O macaco ficou aterrorizado com o que viu, profundamente interessado em tudo que ouvia; como teve a sorte de escapar da gaiola (de n. 701) e retornar para seu bando com apenas uma pequena lesão em uma das patas, considerou que no geral tinha saído beneficiado.

Logo que retornou para seu grupo, fez-se de doutor e começou a incomodar seus vizinhos com a pergunta:

"Por que entre os macacos não há progresso?"

"Não sei o que significa progresso" – disse um deles, e atirou um coco em sua vovó.

"Não sei nem me preocupo com isso" – disse outro, e saltou em giro para uma árvore vizinha.

"Basta!" – gritou um terceiro.

"Dane-se o progresso!" – disse o chefe, que era um velho conservador, partidário da força física. – "Sejam o que são e tentem se comportar da melhor maneira possível."

Quando o macaco cientista se viu sozinho com os mais jovens, conseguiu se fazer ouvir com mais atenção.

"O homem é apenas um macaco evoluído" – ele disse, pendurado por seu rabo em um galho alto. – "Sendo incompleto o registro geológico, é impossível dizer de quanto tempo ele precisou para evoluir, e de quanto precisaremos para seguir os seus passos. Mas por um salto enérgico *in medias res* mediante um sistema de minha própria lavra, acredito que vamos surpreender todo mundo. O homem perdeu séculos com a religião, a moral, a poesia e outras bobagens. Foram séculos antes de alcançar devidamente a ciência, e apenas outro dia mesmo que começou a fazer vivissecção. Iremos por outro caminho e começaremos pela vivissecção."

"Por amor do coco, o que é vivissecção?" – perguntou um macaco.

O doutor explicou minuciosamente o que tinha visto no laboratório. Alguns de seus ouvintes ficaram entusiasmados, outros não.

"Nunca ouvi algo tão brutal!" – replicou um macaco que tinha perdido uma orelha numa briga com a tia.

"E qual o benefício disso?" – perguntou outro.

"Não vê?" – perguntou o doutor. "Fazendo vivissecção nos homens, descobriremos a constituição dos macacos, e então progrediremos."

"Mas por que não fazer vivissecção entre nós mesmos?" – perguntou um de seus discípulos que tinha inclinação para contestar.

"Que idiotice!" – exclamou o doutor. – "Não ficarei aqui para escutar uma conversa dessa; ou pelo menos em público, não."

"E os criminosos?" – perguntou o contestante.

"É mais do que duvidoso que exista o certo ou o errado. Então, onde está seu criminoso?" – replicou o doutor. – "Além disso, o público não vai tolerar uma coisa dessa. E os homens prestam muito bem para isso; é tudo do mesmo gênero."

"Parece brutal fazer isso com os homens" – disse o macaco com uma só orelha.

"Bem, pra começar", – disse o doutor – "eles dizem que não sofremos e somos o que costumam chamar de autômatos; tenho então pleno direito de dizer o mesmo deles."

"Isso é absurdo" – disse o contestante. – "E além do mais isso é autodestrutivo. Se são apenas autômatos, não podem nos ensinar nada sobre nós mesmos. E se podem nos ensinar alguma coisa sobre nós, pelos cocos!, eles têm de sofrer."

"Penso quase o mesmo que você" – disse o doutor. – "Na realidade o argumento só é adequado para revistas mensais. Admitamos que sofram. Pois bem, será para o benefício de uma raça inferior, que precisa de ajuda. Não pode haver nada mais justo do que isso. Além do mais, faremos sem dúvida descobertas que serão úteis para eles mesmos."

"Mas como faremos descobertas" – perguntou o contestador – "se não sabemos o que investigar?"

"Deus, proteja o meu rabo!" – gritou o doutor, ofendido em sua dignidade – "você tem o espírito menos científico que de qualquer símio das ilhas Windward! Saber o que investigar, era só o que me faltava! A verdadeira ciência não tem nada a ver com isso. Você apenas faz a vivissecção e procede ao acaso; se você descobrir alguma coisa, quem ficará mais surpreso senão você?"

"Tenho uma outra objeção" – disse o contestante – "e, note bem, estou longe de negar que isso não seja uma bela diversão. Mas os homens são fortes, e eles têm aquelas armas."

"Por essa razão é que pegaremos bebês" – concluiu o doutor.

Na mesma tarde, o doutor retornou ao jardim do vivisseccionista. Saltou pela janela do quarto de vestir e furtou uma de suas navalhas. Numa segunda viagem, entrou no quarto das crianças e levou o bebê.

Houve uma grande agitação no topo das árvores. O macaco com uma orelha só, que tinha uma boa natureza, protegia a criança em seus braços; um outro recheou sua boca de nozes, e afligiu-se porque a criança não quis comê-las.

"Essa coisa não tem juízo" – disse ele.

"Só queria que ele não chorasse" – disse o macaco de uma orelha só – "parece um macaco, de tão horrível!"

"Isso é uma infantilidade" – disse o doutor. "Dê-me a navalha."

O macaco com uma orelha perdeu a paciência, cuspiu no doutor e fugiu com o bebê para a árvore vizinha.

"Iah!" – gritou o macaco com uma orelha, "faça vivissecção em você mesmo!"

O bando todo arrumou uma grande algazarra e começou a gritar. A barulheira chamou a atenção do chefe, que estava nas redondezas matando pulgas.

"O que está acontecendo?" – gritou o chefe. Quando lhe contaram, ele esfregou a testa.

"Pelo suculento coco!" – ele gritou – "isso é um pesadelo? É possível que os macacos tenham se rebaixado a tamanha barbaridade? Devolva essa criança ao lugar de onde veio."

"Você não tem uma mente científica" – disse o doutor.

"Não sei se tenho ou não uma mente científica" – replicou o chefe; "mas tenho aqui um pau bem grosso, e, se você puser uma só garra nessa criança, quebro a sua cabeça."

Eles levaram o bebê e o deixaram em frente de um canteiro no jardim. O vivisseccionista (um respeitável homem de família) ficou muito feliz, e com o coração leve começou mais três experimentos em seu laboratório antes que o dia chegasse ao fim.

XXII. O relojoeiro

A garrafa estava sobre a mesa no centro da sala. Por quase uma semana ninguém ali entrara; a criada era descuidada e havia um mês que a água não era trocada. A raça dominante dos animálculos tinha alcançado assim uma grande antiguidade e estava muito avançada nos estudos científicos. Seu principal fascínio era a astronomia. Os filósofos passavam os dias contemplando os corpos celestes; a sociedade se deleitava debatendo sobre as teorias em disputa. Duas janelas, uma voltada para o leste, outra para o sul, davam-lhes dois anos solares com duração diferente; o segundo se confundia com o primeiro, o primeiro voltava a suceder o segundo depois de um período de trevas. Muitas gerações surgiram e se findaram durante a noite. A tradição que sustentava a existência de um sol se enfraqueceu, de tal maneira que alguns pessimistas ficaram desesperados com o seu retorno; e a lua, que estava então na sua fase cheia, confundia os mais sábios. Foi só no extenso sexto ano solar que um animálculo de intelecto incomparável surgiu, derrotou a ciência anterior e deixou um legado de disputas.

    Sua hipótese podia ser chamada de Teoria da Sala. Era parcialmente incorreta. A sala não estava cheia de água potável; nem suas paredes eram da mesma substância que a toalha da mesa. Mas em muitos pontos, a teoria concordava grosseiramente com os fatos; seu autor tinha calculado a posição relativa da garrafa, da mesa, das paredes, das peças ornamentais da chaminé e do relógio (que a cada oito dias precisava de corda) até o milionésimo decimal, pois seus instrumentos e métodos eram primorosamente requintados. Seus méritos até então foram reconhecidos pelos mais céticos. Mas o filósofo era um homem de espírito devoto e obediente; tinha optado por aceitar uma lenda da raça e desenvolvê-la. Nos dias primitivos, antes que a ciência tivesse se desenvolvido, dizia-se que o espaço oblongo amarelo da parede norte se abrira, e que um objeto, imenso além do imaginável, tinha aparecido; moveu-se visivelmente no espaço por várias gerações. Uma luz acompanhava o meteoro em sua órbita: mais brilhante que o sol, segundo alguns; apenas mais brilhante que a lua, segundo outros. Durante esse evento, a garrafa foi sacudida por estrondos e inexplicáveis convulsões; ouviu-se crepitar os flancos do céu; uma explosão final assinalou o momento do seu desaparecimento. Quando os animálculos recobraram-se do abalo, notaram que o espaço oblongo amarelo da parede norte tinha retomado seu aspecto natural. Assim dizia o relato dos historiadores mais rigorosos e sérios; na boca dos leigos, aconteceu de outro modo. "Nos dias antigos de canibalismo", diziam, "um animálculo de tamanho descomunal atravessou a parede; tinha o sol em uma garra; seus movimentos ao nadar sacudiram a garrafa toda; antes de ir embora, mexeu no relógio". Para espanto da sociedade, essa foi a versão popular que o filósofo aceitou. Um colosso portador de uma luz, semelhante ao primeiro observado, transitava em períodos fixos pelo lado exterior da parede da sala; sua passagem, primeiro diante de uma janela e depois diante da outra, explicava os anos solares. Mas o filósofo foi ainda mais longe. No Cosmos animalcular havia um traço de anormalidade superlativa: o relógio, com seu pêndulo, seus ponteiros, sua esfera. Gerações de observadores provaram, para fora de toda dúvida, que o pêndulo oscilava, os ponteiros arrastavam-se em torno da esfera, o fenômeno do carrilhão ocorria a intervalos quase idênticos, e que era ao menos possível conceber uma relação entre esses intervalos e a marcha dos ponteiros. A partir desse momento, a atenção se detém no relógio: concentraram-se nele as evidências de que a criação tinha um propósito; o criador, que falava obscuramente em suas outras obras, parecia manifestar-se com sua voz autêntica no relógio; por então, o teísmo e o ateísmo se enredaram num combate sobre a questão do relojoeiro. O Newton animalcular era um relojoeirista; e ele arriscava a suposição audaciosa de que o colosso que levava a luz em torno da sala teria sido forçado a regular seus movimentos pelo tempo do relógio.

 Entre os religiosos, as investigações do filósofo foram logo instituídas em doutrinas da igreja. O colosso da lenda foi identificado com o sol, ambos com o artesão do relógio. O culto ao Relojoeiro ocupou o lugar das religiões mais antigas, como a adoração da água, a adoração dos ancestrais e a adoração pagã do ídolo da chaminé; foram atribuídas ao Relojoeiro todas as virtudes; e todo comportamento animalcular digno e decente foi reunido sob a rubrica de Conduta Relojoeirista. A outra facção ao mesmo tempo aclamou em favor do animalculomorfismo. O filósofo tinha declarado que todo o espaço era ocupado pela água; nada foi menos provado, nada foi menos demonstrado; para além do envoltório da garrafa, a água cessava de existir; e se assim era, onde estava o Relojoeiro? A vida requer a água, o pensamento requer a água. Nenhum ser que não vive na água poderia conceber a ideia do tempo, muito menos um relógio! Examinem suas hipóteses (diziam os relojoeiristas) e chegarão a isto: uma criatura aquática que vive fora da água! Pode um animálculo razoável comprazer-se com tamanho absurdo? E admitindo o impossível – admitindo (por amor ao argumento) que a vida e o pensamento existam para além do invólucro da garrafa – por que o Relojoeiro não se manifesta ele mesmo? Seria fácil para ele comunicar-se com os animálculos; teria sido fácil para ele, quando fez o relógio, colocar sobre a esfera sinais inteligíveis – a proposição quadragésima sétima, por exemplo – ou mesmo (tivesse se importado com isso) alguma medida da fuga do tempo; em vez disso, a intervalos grosseiramente próximos à igualdade ocorrem sinais sem sentido, provavelmente resultado da ebulição. Se, então, um Relojoeiro existe, ele deve ser considerado um ser maligno e frívolo, que deu forma à garrafa, à mesa e à sala, com o único propósito de exultar-se com as misérias do animálculo. Essas opiniões encontraram uma expressão mais violenta na boca dos poetas contemporâneos: a infame Ode ao Relojoeiro, que abalou a sociedade, começa com algo assim:

> Imensos teus pecados,
>
> Imensos como a garrafa toda.
>
> Relojoeiro, eu te desafio.
>
> Tua crueldade é maior que um vaso sobre a chaminé,
>
> E circular como a face do relógio.
>
> És forte, e te vanglorias;
>
> És astuto e inventas relógios;
>
> Vãos teu poder e astúcia!
>
> Se um só animálculo de correto pensar te encarasse de frente,
>
> Confundido ficarias em meio aos teus instrumentos.
>
> Empalidecerias e te ocultarias no anverso de tua maquinaria.

Considerou-se universalmente que o poeta foi longe demais. Se existia um Relojoeiro, não se podia esperar que deixasse impune a sua manifestação; era para se temer que a garrafa toda pudesse ser envolvida em sua vingança. O poeta, depois de julgado um orgulhoso que se exaltou em seu horrendo sentimento, foi condenado e destruído publicamente. Esse ato de rigor deteve o livre pensamento por algumas gerações.

Esperou-se com ansiedade o amanhecer do sétimo ano solar duplo. Quando chegou o momento, todos os telescópios da garrafa se orientaram para a janela do leste ou para o relógio; enquanto decorria o evento, e enquanto os cálculos estavam em andamento, uma multidão esperava às portas dos astrônomos, alguns em prece, outros apostando irreverentemente acerca dos resultados. Foi inconclusivo. O relógio e o sol não indicaram uma conformidade precisa; foi impossível para os mais ardentes dos fiéis aclamarem a vitória. Mas a disparidade era pequena; o mais íntegro dos livres-pensadores estava consciente de uma dúvida íntima. Os religiosos tentaram dissimular sua frustração em obras como O Relojoeiro Revelado em todas as suas Obras, A Existência do Relojoeiro Demonstrada, A Verdadeira Ciência de fazer Relógios Demonstrada e Justificada. Em trabalhos dos mais diferentes aspectos, os livres-pensadores louvaram a vitória conquistada. À medida que as horas passavam e as gerações se sucediam, percebeu-se que a fé tinha sido abalada. A crença em um Relojoeiro declinou gradualmente; logo o próprio relógio, com seus movimentos falhos e irregular regularidade, tornou-se um tema para gracejadores.

No meio de tudo isso, viu-se abrir o espaço oblongo amarelo da parede norte; o relojoeiro entrou, e começou a dar corda ao relógio.

A revolução foi absoluta: animálculos de toda idade e posição acorreram aos pontos de culto; a garrafa vibrou com os salmos, e não houve criatura racional de um extremo a outro da garrafa que não houvesse sacrificado quanto possuísse em oferenda ao relojoeiro.

Quando acabou de dar corda no relógio, o relojoeiro se fixou na garrafa. Como estava com muita sede depois das cervejas da noite anterior, engoliu toda a água de uma vez, até os sedimentos do fundo da garrafa. Durante três semanas, ele ficou de cama, adoentado; o médico, que o atendeu, mandou que se fizesse uma inspeção rigorosa no fornecimento de água daquela parte da cidade.

Apêndice
Roteiro Bibliográfico

Robert Louis Stevenson nasceu em 13 de novembro de 1850, em Edimburgo, Escócia. Seu avô, Robert Stevenson, foi um notável engenheiro, construtor de faróis, pontes, estradas e ferrovias, entre outras obras, assim comoopai,Thomas Stevenson, e os tios. A mãe, Margaret Isabella Baulfour, vinha de uma família escocesa famosa. Entre mãe e filho havia um forte afeto, que se manteve até o fim da vida de Stevenson.O escritor desde cedo manifestou sintomas de tuberculose e passou a vida viajando de um lugar a outro em busca de tratamento.Depois da morte do pai, Margareto acompanhou em sua busca por saúde, primeiro nos Estados Unidos, depois nas ilhas do Pacífico.

Escrever foi desde cedo seu principal interesse. Stevenson declara, no ensaio "A College Magazine", que durante sua meninice e juventudeo que o entusiasmava era a capacidade de escrever. Viviaentre as palavras. Levava sempre consigo dois livros, um para ler, outro para escrever. Enquanto caminhava, a mente estava ativa amoldando em palavras apropriadas o que via. Nesse período, não escrevia com a pretensão de ser escritor, embora o desejasse. Queria apenas praticar (*Memories and Portraits*, p. 57).

Fosse para tratar da saúde, fosse por temperamento, amava as viagens. Principalmente o mar lhe era especialmente apreciável, um espaço em que é possível a contemplação da beleza e as emoções se abrem puras, não contaminadas pelas convenções da vida social. Em várias ocasiões manifestou que não se identificava com a vida urbana. Em carta a Henry James, de agosto de 1890, revelou: "Nunca gostei de cidades, da sociedade ou (o que parece) civilização ... O mar, as ilhas, os ilhéus, a vida insular e o clima me fazem verdadeiramente muito mais feliz. ..." (*Letters,Vol. II*, p. 235).

A obra de Stevenson é vasta. Escreveu ficção, ensaios, poesia, peças teatrais e relatos de viagens. Obteve grande notabilidade quando publicou *A Ilha do Tesouro* (1883) e *O estranho caso do Dr. Jekyll e Sr. Hyde* (1886). Suas *Fábulas*, pouco conhecidas, foram escritas ao longo de vários anos. Algumas referências biográficas indicam que começaram a ser compostas por volta de 1874 e concluídas por volta de 1893, nos anos finais vividos em Vailima, Samoa. "Os Cavalos de Carga e o Cavalo de Sela" e "Algo Deve Haver" sinalizam, pelas referências a nomes próprios e ambientação típicos de Samoa, que foram escritas nesse período. Foram revisadas entre 1893 e 1894, quando morreu deixando as *Fábulas* inéditas.

O roteiro biobibliográfico que apresentamos a seguir pretende dar um esboço de sua trajetória ativa de viajante e escritor fértil durante sua vida relativamente curta.

***

1867 – Com a idade de 17 anos, ingressa na Universidade de Edimburgo para estudar engenharia com o objetivo, conforme entendimento familiar, de seguir a profissão do pai e trabalhar na empresa da família. Mas abandona o curso e assume o compromisso de estudar direito.

1873 – Visita o primo em Cockfield, Suffolk, aonde chega em 26 de julho e ali permanece até o fim de agosto. Encontra Frances (Fanny) Sitwell. Ela o apresenta a Sidney Colvin, professor e crítico de arte. Colvin abrirá caminho para Stevensom em sua jornada de escritor. Em novembro, viaja a Mentone, França, por recomendação médica, onde fica até o fim de março de 1874. O ensaio "Ordered South" reporta-se a esse período em Mentone, publicado primeiro na *Macmillan's Magazine* em maio de 1874 e depois incluído em *Virginibus Puerisque* (1881).

1874 – Em agosto, sai "Victor Hugo's Romance", pela *Cornhill Magazine*.

1875 – Termina o curso de direito, mas não chega a exercer a profissão de advogado. Viaja para Londres e em seguida para a França. Passa uma longa temporada na colônia de artistas de Fontainebleau.

1876 – agosto: em Antuérpia, inicia uma viagem de canoa pelo rio Oise. Passa pela Bélgica e o norte da França, acompanhado de seu amigo Walter Grindlay Simpson. A viagem é relatada em "An Inland Voyage". O relato descreve os incidentes da viagem, as pessoas que encontram e questões mais amplas a respeito do caráter francês, política, religião e o papel do artista na sociedade.

Setembro, 14, está em Pontoise, 28 km de Paris, a noroeste. Segue para Paris e depois para Greze Fontainebleau. À época, a região abrigava uma vicejante comunidade de artistas. Ali conhece Fanny Osbourne, sua futura esposa. Ele tinha 25 anos, ela 36. Era uma mulher independente com dois filhos, separada do marido, de nacionalidade norte-americana. Stevenson escreveu sobre esse período em Fontainebleau, Barbizon e Grez em "Forest Notes" (1876), incluído em *Essays of Travel*, também em "Fointanebleau", incluído em *Across the Plains* (1884). Barbizon, Grez e Fontainebleau também encontraram um lugar em sua ficção. "The Treasure of Franchard" (1883), por exemplo, é ambientado em Grez.

Outubro, 16, retorna a Edimburgo. Escreve "Some Portraits by Raeburn" (1881) e "On Falling Love" (1877), que termina em novembro, e começa a escrever "The Devilon Cramond Sands". Dezembro, publica "Charles of Orleans" na *Cornhill Magazine*.

1877 – Depois de um breve período na Cornualha com seus pais, Stevenson retorna a Grez em agosto e encontra Fanny. Em setembro segue para Paris onde permanece com ela até outubro.

Fevereiro: publica "On Falling Love" na *Cornhill*.

Outubro: "A Lodging for the Night", sua primeira *short story* publicada, aparece em *Temple Bar*.

1878 – Em agosto Fanny retorna com os filhos para a Califórnia. Stevenson prepara-se para sua viagem pela região das Cévennes, uma cadeia de montanhas localizada no sul da França. Deixa Paris e se dirige para Montargis, depois Le Puya caminho de Monastier, onde permanece até 22 de setembro, quando inicia sua viagem a pé, de doze dias por 120 milhas, acompanhado apenas de uma mula que ele compra para carregar sua bagagem. Pernoitando em estalagens, mosteiros e muitas vezes ao ar livre, passa por Langogne, Cheylard-l'Évêque, Luc, La Bastide-Puylaurent, Chasseradès, Le Pont-de-Montvert, segue sua rota pelo vale do Tam, onde acampa à noite, chega a Florac e passa a noite em uma hospedaria, segue para Saint-Germain-de-Calberte, e finaliza sua viagem em Saint-Jean-du-Gard. Em 5 de outubro viaja para Lyon, Autun e segue para Paris. Retorna para Londres em fins de outubro. Posteriormenterelata essa vivência em *Travelswith a Donkey*.

Dezembro, *Picturesque Notes* é publicada.

1879 – Viaja de Londres a Glasgow em 6 de agosto. Dia 7 navega de Greenocka bordodo *Devonia* com destino a Nova York. Na viagem termina "The Storyof a Lie" (1879).

Agosto, 17: Chega a Nova York, passa a noite numa hospedaria e segue no dia seguinte para Nova Jersey. Dia 30 chega a Monterey. Relata posteriormente a viagem para a Califórnia em *The Amateur Emigrant* (1895).

Outubro: "The Storyof a Lie" sai na *New Quarterly Review*.

Novembro: chega a São Francisco esgotado pela longa viagem da Escócia até a Califórnia. Em dezembro começa a tossir sangue. Os médicos de São Francisco deram-lhe menos de um ano de vida. Stevenson escreve a primeira versão de seu Requiem.

Constantes dores de dente debilitava o sistema imunológico, prejudicava o sono e agravavam as outras doenças: doença pulmonar, dermatites, dieta pobre, depressão e peso abaixo do normal. Inesperadamente recebe um telegrama dos pais prometendo remeter-lhe anualmente 250 libras. Sua saúde melhora sensivelmente. A extração dos dentes e substituição por prótese melhorou seu estado de saúde e lhe permitiu alimentar-se melhor.

Dezembro, 12, Fanny se divorcia. No dia 22, Stevenson muda-se para Bush Street, São Francisco, onde permanece até maio de 1880.

1880 – Muda-se para o Tubbs Hotel, East Oakland. Sofre uma hemorragia e vai para a casa de Fanny, nas proximidades, para que ela possa cuidar dele.

Maio, 19: casa-se com Fanny Osbourne em São Francisco. Dia 22, partem em lua de mel para Napa Valley. Em junho chega ao abrigo de mineração abandonado em Silverado com Fanny e Lloyd Osbourne (período relatado em *The Silverado Squatters*, 1884).

Julho, retorna a São Francisco com Fanny e Lloyd. Dia 29 inicia viagem de trem para Nova York. Chegam a Liverpool em agosto, onde seus pais conhecem Fanny.

Outubro, vai por recomendação médica passar o inverno em Davos, na Suíça. Ali permanece até abril de 1881.

1881 – Publicação de *Virginibus Puerisque*, em abril. Em junho vai para Pitlochry, Escócia, onde permanece até 2 de agosto. Vai para Braemar, por quase dois meses, onde escreve a introdução "The Travelling Companion" (uma história mais tarde destruída). Em um dia frio e chuvoso, Stevenson e Lloyd, seu enteado de 12 anos, desenharam o mapa imaginário de uma "Ilha do Tesouro". Esse divertimento familiar estimula a imaginação de Stevenson e, em uma manhã fria de setembro, ele começa a escrever sua *Ilha do Tesouro* (1883).

Outubro, a revista *Young Folks* começa a publicar *A Ilha do Tesouro* em capítulos. No dia 18 volta a Davos por motivo de saúde, onde passa o inverno. Ali permanece até abril de 1882. "Thrawn Janet" sai na *Cornhill*.

1882 – Passa o verão em vários locais da Escócia: Lochearnhead, Ballachulish, Oban, Peebles, Kingussie. Por recomendação médica, passa o inverno na França, em Montpellier, Marseille e em Nice. Durante todo esse ano, várias obras são publicadas:

Fevereiro, *Familiar Studies of Menand Books*.

Abril, "Talk and Talkers" pela *Cornhill*.

Maio, "The Foreigner at Home" pela *Cornhill*.

Junho, "The Merry Men" pela *Cornhill*.

Julho, *New Arabian Nights*.

Novembro, "A Gossipon Romance" pela *Longman's Magazine*.

Dezembro, primeira representação da peça teatral *Deacon Brodie* em Bradford.

1883 – Fevereiro, segue para Hyères, à época uma estação de inverno para tratamento de saúde. Durante esse período Stevenson trabalha ativamente em *Prince Otto* (1885), *The Black Arrow* (1888) e em *A Child's Garden of Verses* (1885). Também revisa as provas de *Treasure Island* (1885) e de *Silverado Squatters* (1884), entre outras obras. Ainda que ocasionalmente visite outros lugares, vive em Hyères até junho de 1884. Nesse período enfrenta crises frequentes de saúde, e em maio sofre uma grave hemorragia. O sangue jorrava e ele quase sufocava com o sangramento, conforme informa Fanny em carta que escreve a W.E. Henley, pedindo-lhe que consultasse Mennell. (Letterfrom Fanny Stevenson to W.E. Henley, 2 May 1884, *The Letters of Robert Louis Stevenson*, ed. by Bradford A. Boothand Ernest Mehew, vol. IV [New Haven: New York, 1995], p. 288). Dr. Mennel esteve com Stevenson de 7 a 13/14 de maio. Pouco depois sua saúde melhorava.

Abril, sai "The Treasure of Franchard" na *Longman's Magazine*.

Junho, *Black Arrow* começa a sair na *Young Folks*.

Novembro, publicação em livro de *A Ilha do Tesouro*. Publicação de "A Humble Remonstrance" na *Longman's Magazine*.

1885 – Março, publicação de *A Child's Garden of Verses*.

Abril, publicação de *More New Arabian Nights*. A família Stevenson muda-se para "Skerryvore", em Bournemouth e passa a morar em uma casa que Thomas Stevenson comprou de presente de casamento para Fanny.

Outubro, conclui *The Strange Case of Dr. Jekyll and Mr. Hyde*, que começou a escrever em fins de setembro.

Novembro, publicação de *Prince Otto*.

Dezembro: publicação de "Olalla" na *Courtand Society Review*.

1886 – Janeiro, 9, publicação de *The Strange Case of Dr. Jekyll and Mr. Hyde*.

Maio, *Kidnapped* começa a ser publicada em *Young Folks*.

Julho, *Kidnapped* sai publicada em livro.

1887 – Fevereiro, publicação de *The Merry Menand Other Tales and Fables*.

Maio, 5, viaja para Edimburgo com Fanny. Dia 8 morre Thomas Stevenson. Escreve "Ticonderoga" (maio--junho, 1887). Escreve "Thomas Stevenson, Civil Engineer" (1887). Assina contrato com Casselis para a publicação de *Catriona* (1893). No dia 31, parte de Edimburgo, pela última vez, e vai para Bournemouth.

Junho – "Thomas Stevenson, Civil Engineer" sai na *Contemporary Review*. Conclui *Memoir of Fleeming Jenkin* (1888).

Agosto, publicação de *Underwoods*. Passa, dia 20 e 21, no Armfield's Hotel, Finsbury, despedindo-se dos amigos. Dia 22, Stevenson deixa seu país natal em caráter permanente. Embarca no *S.S Ludgate Hill* para Nova York.

Setembro, 7, em Nova York, pernoite com a família no Hotel Victoria, como hóspede de Charles Fairfield. Dia 8 vai Para Newport, como hóspede de Charles Fairfield. Em 19, volta a Nova York. Em 30, parte para Saranac Lake, onde permanece com a família até 18 de abril de 1888 para ficar aos cuidados do

Dr. Edward Livingston Trudeau, um especialista em doenças pulmonares. Obteve boa saúde durante os meses de frio inverno que permaneceu em Saranac Lake. Nesse período escreveu ativamente, incluindo dois terços de *The Master of Ballantrae*, vários prefácios e ensaios e, com Lloyd Osbourne, um primeiro esboço de *The Wrong Box*.

Novembro: publicação de *Memories and Portraits*.

Dezembro: publicação de "The Mis adventures of John Nicholson" pelo *Cassell's Christmas Annual*.

1888 – Janeiro, publicação de *Memoir of Fleeming Jenkin*.

Março, 10, negocia com o editor S.S McClure a publicação de seus artigos de viagem que escreverianos Mares do Sul. Dia 25, *Philadelphia Press* inicia a publicação periódica de *The Black Arrow*.

Abril, parte de Saranac Lake para Nova York.

Maio, vai para Manasquan, Nova Jersey, fica na hospedaria Union House com sua mãe, Margaret Stevenson, Fanny e Lloyd, onde encontra-se com Will Lowe, um amigo de Stevenson dos tempos de sua vida boêmia francesa, e sua esposa francesa Berthe (que traduzirá *Treasure Island* para o francês em 1890). Dia 28 retorna para Nova York.

Junho – Viaja de trem para a Califórnia no dia 2, e dia 7 chega a São Francisco. Dia 26, inicia sua viagem pelas ilhas do Pacífico. Percorre as Marquesas, Paumotus e Taiti, e em 24 de janeiro de 1889 chega ao Havaí, onde permanece até junho de 1889.

1889 – Junho, 15, publicação de *The Wrong Box* (com Lloyd). Dia 24 parte de Honolulu a bordo do *Equator* rumo às ilhas Gilbert, permanece na região até 25 de outubro e segue para Apia, Samoa. Durante sua jornada coleta extenso material antropológico. Oresultado de sua convivência comos vários povos que visita, entre as ilhas Gilbert e a Polinésia, constituirá a matéria de seu livro *In the Souths Seas* (1896).

Setembro, publicação de *The Master of Ballantrae*.

Dezembro, 7: o *Equator* chega a Apia na ilha de Upolo, em Samoa. Hospeda-se na casa de H. J. Moors, um comerciante norte-americano. Poucos dias depois muda-se para uma pequena casa que aluga, próxima a Moors.

1890 – Janeiro, assina contrato para a compra de Vailima, em Apia,uma propriedade extensa onde ele construiu uma casa ao pé do Monte Vaea e aí viveu até sua morte.

Fevereiro, 4, parte de Apia a bordo do *Lübeck* para Sydney. Deixa a construção da casa-sede de Vailima em andamento. Chega a Sydney no dia 13.Permanece no Union Club trabalhando em *The Wrecker*. Em março, Stevenson fica doente. Fanny providencia para que saiam novamente em viagem, tendo em vista obter para Stevenson melhor saúde.

Abril-julho – 11 de abril, deixa Sydney a bordo do *Janet Nicoll*, com Fanny e Lloyd, viaja para Aukland,

Nova Zelândia, ilhas Selvagens. Em 30 de abril passa por Apia, inspeciona as obras em Vailima e parte no dia seguinte novamente em viagem pelo mar. Percorre as ilhas Tokelau, Ilhas Cooks, ilhas Ellice, Ilhas Gilbert, Marshall, Nova Caledonia, Nova Hebrideans, entre outras. Em 26 de julho está em Noumea, Nova Caledonia. Fanny e Lloyd partem no dia seguinte para Sydney no *Janet Nicoll*. Stevenson sente-se fraco. Para evitar o inverno da Austrália, fica para trás por uma semana hospedado em hotel. Chega de volta a Sydney em 7 de agosto. Fica no Union Club, trabalhando em *The Wrecker* (1892), *The Ebb-Tide* (1994), *Island Nights'Entertainments* (1893) e *Ballads*(1890).

Durantes os quatro meses no mar, a saúde de Stevenson melhora. Navegando por tantos lugares, travando conhecimento com diversas culturas, ele obtém extenso material que aparecerá refletido em *The Wrecker* (1892), *Islands Nights' Entertainments* (1893), *The Ebb-Tide* (1894). Suas observações também lhe serviram para compor "The Beach or Falesá" (1892).

Maio, publicação de *Father Damien: An Open Letter to Reverend Doctor Hyde*.

Setembro, 4, parte de Sydney e chega a Apia dia 15. Stevenson e a família se fixam em Vailima, em uma "cottage" até que a casa ficasse terminada.

Dezembro – Publicação de *Ballads*.

1891 – Janeiro, 6, parte para Sydney a bordo do *Lübeck* e chega a Sydney dia 20.

Fevereiro, 6, inicia a publicação seriada de *In the South Seas* em *Black and White*. Dia 8, inicia-se a publicação seriada de "The Bottle Imp" no *New York Herald*. No dia 18 deixa Sydney com a mãe, a bordo do *Lübeck*.

Março, retorna com a mãe para Samoa. Lloyd retornara antes.

Abril, de 2 a 13, navega pelas ilhas de Samoa no *Nukunoma*. Dia 13, Stevenson, Fanny e Lloyd se instalam na casa-sede construída em Vailima.

Junho, 13: visita a ilha de Savaii, a maior ilha de Samoa, a noroeste de Upolu.

Agosto, *The Wrecker* (com Lloyd) começa a sair em *Scribner*.

Novembro, 7, termina de escrever *The Wrecker* (com Lloyd).

1892 – Nesse ano, Stevenson esteve envolvido amplamente com a política de Samoa, escreve cartas para o *The Times*, expressando sua visão sobre a situação de Samoa.

Fevereiro, começa a escrever *Catriona* (1893).

Abril, publicação de *Across the Plains*.

Junho, publicação de *The Wrecker* (com Lloyd).

Julho, "The Beach of Falesa" começa a sair em série no *Illustrated London News*.

Agosto, publicação de *A Footnote to History*.

Setembro, conclui *Catriona*.

1893 – "Isle of Voices" começa a ser publicada em série no *National Observer*.

Fevereiro, parte de Apia, dia 18, a bordo do *S.S. Maripose* para Sydney com Fanny e Belle.

Março, 20, deixa Sydney a bordo do *Maripose*. Dia 30 retorna a Vailima, trabalha em *Weir of Hermiston* (1896) e em *The Ebb-Tide* (1894).

Abril, publicação de *Islands Nights' Entertainments*.

Junho, conclui *The Ebb-Tide*, envia os primeiros dez capítulos a Sidney Colvin em Londres. Dia 18, envia os dois últimos.

Julho, de 9 a 18, guerra entre os chefes de Samoa Mataafa e Laupepa. Embora Mataata seja derrotado, Stevenson o apoia.

Setembro, publicação de *Catriona*. Dia 12, viaja para Honolulu a bordo do *S.S Mariposa*.

Outubro, parte do Havaí de volta a Samoa.

Novembro, 11, *The Ebb-Tide* (com Lloyd) começa a sair em série no *Today*.

1894 – Stevenson trabalha em *St. Ives* (1897) e em *Weir of Hermiston* (1896).

Agosto, publicação de "MyFirst Book: *TreasureIsland*" em *The Idler*.

Setembro, publicação de *The Ebb-Tide* (com Lloyd).

Dezembro, 3, Stevenson sofre uma hemorragia cerebral e morre, aos 44 anos, cercado do respeito dos nativos, que o chamavam Tusitala (o contador de histórias). Foi sepultado no dia 4 no topo do Monte Vaea, como ele desejava. Em sua lápide ficaram impressos estes versos de seu poema "Requiem":

> Sob o amplo céu estrelado
> Cavem meu túmulo e deixem-me repousar

Durante o período que viveu no Pacífico (1888-1894), Stevenson estevesempre integrado aos nativos: aprendeu as línguas polinésias e pesquisou oscostumes sociais polinésios, os ritos sagrados e a mitologia. Em Samoa, onde fixou residência, mantinha convivência assídua com os nativos em sua extensa propriedade, com oschefes de muitas ilhas, que ele firmemente apoiou, e com as visitas de samoanos que diariamente acorriam à sua casa, Vailima.

Suas observações sobre a cultura e sobre sua vivência nas viagens às ilhas do Pacífico se refletem nas suas cartas dos Mares do Sul, publicadas em revistas em 1891, e em *In the South Seas*, em 1896. Um relato histórico da intervenção colonial e do conflito em Samoa compõe *A Footnote to History* (1892). *Catriona* e *Weir of Hermiston* (obra que deixou incompleta) remetem para a história escocesa. Outro trabalho incompleto, em que ele empregou grande esforço, foi *St Ives* (1897), uma aventura picaresca com muitas referências escocesas.

Vilma Maria

Referências

STEVENSON, Robert Louis. *Memories and portraits*. Nova York: Charles Scribner's Sons, 1895. http://www.robert-louis-stevenson.org/works Acesso em 31 março 2012.

_____. *The letters of Robert Louis Stevenson, to his family and friends*. Seleção, notas e introdução: Sidney Colvin. New York: Charles Scribner's Sons, 1899. vol.II, 1899. Em http://www.robert-louis-stevenson.org/works Acesso em 31 março 2012.

THE STIRLING CENTRE FOR SCOTTISH STUDIES. *Journal of Stevenson Sudies,* Universidade de Stirling. vols. 2, 3, 4, 5 e 6. Em: http://www.robert-louis-stevenson.org/works Acesso em 31 março 2012.

THORPE, Vanessa. Robert Louis Stevenson gets his reven geonsneaky literary agent – 120 years later. *The Guardian*, 4 abr. 2011. http://www.guardian.co.uk/books/2011/apr/24/robert-louis-stevenson-fairytales Acesso em 4 abril 2012.

The RLS Website. http://www.robert-louis-stevenson.org/ Acesso em 31 março 2012.

Coleção Contos Mágicos

Seleções de contos tradicionais de antigas civilizações que espelham a diversidade do homem e do mundo.

As maçãs douradas do Lago Erne
e outros contos celtas
Vilma Maria

Seleção de narrativas populares celtas de natureza mágica. As aventuras de guerreiros, cavaleiros, deuses e seres encantados desvendam o universo imaginário de uma civilização distantes de nós no tempo e no espaço – a antiga Irlanda, a partir do ano 600 a.C.

O Cortador de Bambu
e outros contos japoneses
Sonia Salerno Forjaz

Encabeçado pelo famoso conto japonês **"O velho cortador de bambu"**, que integra a destacada lista dos 1001 livros para ler antes de morrer, são transmitidos aspectos sutis da milenar cultura japonesa, enquanto acompanhamos o destino pessoal dos personagens em cenários extraordinários.

O Príncipe Teiú
e outros contos brasileiros
Marco Haurélio

A mistura de elementos encontrada nos contos de encantamento evidencia o quanto nossa tradição oral mantem vivos ensinamentos, crenças e mitos.
Os contos populares brasileiros adaptam antigas tradições às características locais: ambiente, costumes e cultura de cada região.

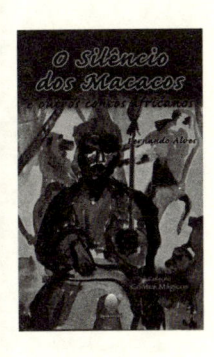

O SILÊNCIO DOS MACACOS
E OUTROS CONTOS AFRICANOS
Fernando Alves

Os contos apresentados neste livro revelam aspectos particulares de diferentes grupos étnicos –, suas relações com o meio, crenças, ritos e linguagens –, transmitindo parte dessa cultura que tanto tem a ver com a nossa própria história.

Outros títulos da coleção:

A FILHA DO REI DRAGÃO E OUTROS CONTOS CHINESES
Sonia Salerno Forjaz
O FALCÃO BRILHANTE E OUTROS CONTOS RUSSOS
Sonia Salerno Forjaz
O NAVIO FANTASMA E OUTROS CONTOS VIKINGS
Fernando Alves
A PRINCESA QUE ENGANOU A MORTE E OUTROS CONTOS INDIANOS
Sonia Salerno Forjaz

Impresso por :

gráfica e editora
Tel.:11 2769-9056